看起來還不錯！希望老後的我，

作者群——

蔡麗瓊・楊香容・鄭惠文

萬子綾博士・黃淑君・楊婷雅

作者簡介

萬子綾博士

企業界培訓大師，在發現家中長輩出現疑似憂鬱症／失智症症狀後，轉而研究如何將教學活動設計用於失智症非藥物治療，並投入志工服務來實踐與驗證。看見親人在癌症治療過程中，經歷衰弱、失能、重病臥床、臨終階段，將心得透過〈遇見未來的照顧生活〉講座來分享，幫助照顧者擁有更具品質的生活。

黃淑君

服務於健康諮詢公司，台北醫學大學培訓之長期照顧管理發展師，之前在外商擔任多年祕書，細心、溫柔、成熟及耐心的特質在她身上展現無遺。她把長期照顧相關知識經驗融入文章中，十分貼近讀者感受，就像和認識許久的好朋友談心一般，閱讀起來特別有親切感。

楊婷雅

具心理諮詢師證照，是熱心助人的開心果，時常將歡樂帶給身旁的人。照顧罹癌母親走過人生最後歲月，依舊保持堅強樂觀，對於父親與作子女的自己如何重新調適生活，有細膩的感觸與體會，並持續將對母親的愛，轉化到對銀髮長輩的志工服務中，成為深獲長輩信賴的「小皮老師」。

蔡麗瓊

服務於廣播界，熱心公益的她亦擔任非營利組織領導人，職場上的專業形象，在生活中轉為一股溫柔的力量，陪伴中年中風的親人重新找回自信。在支持公益的父親驟逝後，尊重母親獨居鄉下的決定，經常南北奔波探望，不曾喊累。她運用專業投入衛教宣導的志工服務，幫助更多長輩建立全方位健康的觀念。

楊香容

具心理諮詢師證照，性格「媽味」十足，對身邊親友的照顧無微不至，與她談心好比沐浴在春風。她的好性格源自於父母間深厚的感情，讓在台北的她時常掛念花蓮的長輩。身為職業婦女肩負工作與家庭照顧，深感照顧者的辛勞，近年致力於打造照顧者心靈加油站，為照顧者帶來滿滿的正能量。

鄭惠文

提供諮詢服務的範圍廣，從青年學子到銀髮族皆有，她給人的第一印象就是溫和親切。從不敢面對親人失智的事實，到接受、認識、自我心理調適，她最能理解照顧者想什麼、怕什麼；她希望能為長輩和照顧者做點什麼，將自身經驗投入在銀髮長輩的志工服務上，同理銀髮族的心情和照顧者的感受，讓大家喜歡找她訴說心裡話。

推薦序

「活得優雅，成功老化」是我的理念，也與書中所提到的觀點不謀而合。

面臨即將到來的長壽時代，該如何為人生的下半場規劃是近年來不斷被討論的議題。退休對我來說反而是展開斜槓人生的起點，可以將時間花在自己的興趣上，也從中找到新的使命感，會開始經營「時尚老人」的粉絲專頁，便是希望以時尚作為包裝，將成功老化的理念推廣給大眾，我也以自身預防醫學的背景，歸納出由腦力、體力與社會力構成的預防老化金三角，並身體力行，期待對社會有正向的影響力。

這本書以心理層面為切入點，探討邁入老年後會遇到的各種問題，可以說是三力的延伸，相信讀者在閱讀過後，能更有把握地與人生的下半場正面對決！

林經甫（時尚老人 Dr. Lin）

作者序

我們這群人是五六年級生，因為有著共同的生命課題，互相認識成為好友。聽著民歌長大的我們，似乎還沉浸在年輕的豪情與夢想中，當發現接到的紅帖變少、白帖變多時，突然驚覺爸媽老了、自己也老了，走到此刻的生命階段，朋友相聚談論的話題，從「偶像、愛情、工作」，轉變為「退休、健康、照顧」這幾個關鍵字。

「照顧家人」和「照顧自己」是老天給每個人的考試，早考晚考都是要考，只有準備好的人才能考得好。衝鋒職場的我們曾經無畏無懼，但當照顧議題來到眼前時，才發現自己有多脆弱，懊惱知道的太少、準備的太少，它涉及層面之廣，遠超過預期，倉皇的摸索，總是跌跌撞撞，還好我們有彼此可以相互打氣。

相信社會上像我們這樣的照顧者，也曾感到徬徨無助、心力憔悴，於是我們成立了「社團法人中華民國銀髮健康照顧協會」，投入社福志工服務，透過促進身心健康及遠離失智風險的觀念倡導，減少受照顧的時間與減輕照顧者的壓力，並將我們的照顧故事和經驗教訓，分享給更多人。

離鄉工作的我們，親人未必在身邊，心中難免牽掛，多期盼親人能把自己照顧好、平安健康，我們決定出一本書，將與長輩互動

過程中，所聽到各式各樣的煩惱與擔心集結成冊（包括生理面、心理面、生活面、財務面、法律面等），並將如何預先做好規劃的方法寫進書裡，每天看一篇，用書來陪伴逐漸老化的人們，讓老年生活依然可以自在、快樂、安全，甚至走到最後一哩路，都不會留下遺憾。

我們六人中，有一半是沒有子女的頂客族，曾經聊起老後沒人照顧怎麼辦，很慶幸志工服務的經歷，讓我們預「見」了退休生活的種種議題，不管是初老或是已老，藉由書中的三十篇計畫，做自我照顧的練習與準備，就能預「建」一個幸福的老年生活，就像這本書的名字《希望老後的我，看起來還不錯》。因此，這本書不只是寫給我們所愛的親人，也是寫給我們自己。

本書所得將全數捐贈給「社團法人中華民國銀髮健康照顧協會」，讓協會有能力服務更多人、讓更多人從中受益。感謝台灣文創牌卡教育推廣協會理事長周詠詩提供三十幅插畫，讓讀者可以塗上顏色，為每個計畫增添個性化風格。請隨著我們用生命故事點燃的燭光一起進入書中，體會那一個個因用心規劃、真心關懷而帶來的溫暖。

我老，
但我很好

歲月的巨輪沒有例外，隨著時間的逝去，老化是我們必經的歷程，躲都躲不掉。我們要如何面對老化？是終日惶惶不安、自怨自艾，然後衰敗的老去？還是維持樂觀開朗、保持活力與好奇，進而優雅終老？答案，就在我們的選擇而已。

多老才叫老？

根據世界衛生組織（World Health Organization）資料顯示，多數已開發國家將 65 歲當成老化與否的分水嶺，這也成為職場退休、請領退休金的年齡指標。其實老年生涯可細分為五個階段：55～64 歲稱「前老期」，65～74 歲稱「初老期」，75～84 歲稱「中老期」，85～94 歲稱「老老期」，95 歲以上稱「人瑞期」，你在哪個階段呢？社團法人中華民國銀髮健康照顧協會曾舉辦過「銀髮麻將賽」，當時有位 90 歲的奶奶，報名時特別交代「我不要和 60 幾歲的年輕人同桌打麻將」。年齡超過 65 歲就老了嗎？顯然，在這位奶奶的眼中，還年輕得很呢！

究竟什麼叫做「老」？美國退休人員協會（American Association of Retired Persons, AARP），曾經做過一個研究，問 20 至 30 歲的年輕人：「你們覺得幾歲算老？」，不少年輕人回答 40、50 歲。之後安排這些年輕人與他們所謂的老人互動，年輕人發現這些老人與他們想像的完全不同，當再次詢問他們幾歲算老，年輕人的

答案改變了，甚至有人認為 80、90 歲才算老。從這個研究我們可以發現，「老」其實是一種很主觀的感覺，該怎樣來定義「老」，似乎出現了不同的角度。

研究調查

2014 年，美國退休人員協會（American Association of Retired Persons, AARP）在一份問卷中詢問不同年齡的人到底幾歲算老，得到的結果是：40 多歲的人認為 63 歲算老；50 多歲的人認為 68 歲算老；60 多歲的人認為 73 歲算老；70 多歲的人認為 75 歲算老。

迎接全方位健康老

世界衛生組織把健康定義為「身體、心理、社會三面向的安寧美好狀態」，並提出「活躍老化」概念，它是指老年生活的目標，應追求健康、維持自主與獨立、參與社會經濟文化等事務，以提高生活品質。

哈佛大學心理藝術學者阿恩海姆（Rudolf Amheim）提出，生命是由拱門（arch）理論和階梯（staircase）理論組成。拱門理論指身體機能的變化，人從出生為起點，隨著時間往上爬到中年頂峰，接著再走到下坡，最後以死亡為終點；階梯理論則指人的生命精神和靈魂是一階一階的往上爬，一路往上向更高的境界邁進。因此，即便步入老年，就算雞皮鶴髮，也有機會再創顛峰，過著身

體、心理、社會全方位的健康生活。

心情好，老得慢

你聽過「心理年齡」嗎？身體與心理會互相影響，快樂的心情，有助於身體健康進而延緩生理的老化。現代藝術家畢卡索，在他80歲的時候曾說：「每個人都可以界定自己的年齡。我決定要讓自己活在30歲。」

想一下，你希望自己的心理年齡是幾歲？＿＿＿＿＿歲

要讓自己的心理年齡低於生理年齡，關鍵在於你心裡是否感到快樂。心理學者歐康諾（Richard O'Connor）設計的快樂指數測驗，可以幫助你瞭解目前的快樂程度，請見 P.15 的表格，每題最低 1 分，最高 7 分，依照現況評分。

加總後的得分，也就是你心裡的快樂程度。總分 5 ～ 9 分是極度不滿意，10 ～ 14 分是不滿意，15 ～ 19 是輕度不滿意，20 是普通，21 ～ 25 是輕度滿意，26 ～ 30 是滿意，31 ～ 35 是極度滿意。要怎麼讓自己更快樂呢？他提出了三個策略。

1.試著感受更多正向的感覺，只容許極少的負面情緒。

	題目	評分（最低 1 分，最高 7 分）
1	在很多方面，我的生命接近我的理想	
2	我的生命條件非常棒	
3	我滿意我的生命	
4	目前為止我已擁有我生命中最重要的事物	
5	如果我的生命可以重來，我還是要原來的生命	
	分數合計	

2. 試著控制自己的情緒，降低對自己和他人的標準，不要期待不可控、不可能的事情。

3. 追求自己的目標和價值，用最好的策略去做最聰明的決定，讓自己更滿意自己的人生。

研究調查

根據美國的一項研究發現， 樂觀主義者比悲觀主義者更長壽。人生態度比較積極正面的人活到 85 歲以上的可能性更大；最樂觀的人，無論男女，平均壽命要比最悲觀的人高出 11 ～ 15%。其中的道理是，樂天派更容易控制自己的情緒，因此遇到各種生活壓力時，會保護自己，使自己受到較少負面影響。

許自己一個精彩繽紛的人生

要讓自己更滿意自己的人生，除了顧好心理面向，還要追求社會面向的安寧美好狀態。日本「國寶醫師」日野原重，在生命最後十年依然行醫、寫書，並到處宣揚自己65歲那年創立「新老人會」時所鼓吹的價值：第一、要有愛，並且也要被愛，第二、能耐苦忍痛，最後，即使年紀漸長，也要去嘗試未曾嘗試的事。他認為人不應該以年紀大為藉口，便消極地放棄許多事，要有「現職意識」，也就是繼續工作和保持活下去的意志力。

美國的芭芭拉‧貝斯金（Barbara Beskind）在她 89 歲時，寫信給矽谷頂尖設計公司 IDEO 創辦人大衛凱利（David M. Kelley），為自己爭取到一份工作，一圓自己從小想當設計師的願望。每個星期四，芭芭拉兩手拿著登山杖，從自己住的老人公寓坐火車到公司上班，和眾多年紀小她六、七輪的設計師一起工作。銀髮族要讓自己活得精彩，她給予的建議是「回饋社會」和「找到自我認同」。

台灣著名的「不老騎士」團，每年總會有許多超過 65 歲的銀髮族，以 9 天時間完成 1090 公里的環島旅程，曾有一位團員郭深森，參加時已經 94 歲，身體硬朗的他表示要一直騎到 100 歲。

孔子說：「五十而知天命，六十而耳順，七十而從心所欲不踰矩。」老年，有著豐富的記憶、經驗與智慧，若能對過去的光陰與接續的歲月抱持嶄新的態度，就能夠累積「人生七十才開始」的生命能量。別讓年齡限制了我們的想像、縮小了生命的可能性，誠如階梯理論所說，真心相信隨著年齡的增加，我們也能讓生命一階一階更往上發展。

想一下，你希望用什麼社會參與的方式讓自己活得精采？

每日一句
年齡只是一個數字，只要我心願意，就能精彩繽紛。

以熱情
啟動第三人生

年輕時為了奉養父母及教養子女，現在終於有時間做自己想做的事，可是卻感到什麼都提不起勁嗎？別擔心，只要用對方法，就可以讓你找回興趣，開啟人事物的連結，重拾熱情的同時找回價值感、喜樂心和幸福感。

你準備好退休了嗎？

退休的美國人喜歡夫婦倆駕車四處旅遊；日本人和韓國人願意退休後再就業，提供經驗諮詢或較少體力的工作；波蘭人將「學習」當做不可或缺的樂趣；瑞士人在未退休時，就已經在時間銀行透過志工服務儲存時數，以備將來有照護需要時支領；台灣人好不容易退休，不少人還要為子女帶孫子。

退休前，工作責任及家庭義務扛在肩頭，汲汲營營拚搏著，只為讓家人過上舒適的生活，讓孩子能夠獲得更多的教育資源。正當自己的工作歷練處於成熟期，卻要面臨「退休」，對未來深感茫然，不知道退休後還能做些什麼？在家每天對著「天花板、地板、平板」，自身價值感從何而來？從前忙碌工作，能為自己帶來自尊與自信，一旦退休，突然閒散下來，感受不到自身價值，漸漸減少社會連結，頓時間，內心的失落感蜂擁而上。

許多人在退休後感到生活無趣，「退休就是生前告別式」這句話

是日本電影《退而不休》的開場白，故事在描述老公退休後，沒事可管，對許多事情指指點點，爆發許多家人相處的問題，造成妻子受不了而要求分居，這就是日本所謂的「老公退休症候群」。據調查，老公退休的日本婦女中，有六成以上患有程度不一的「老公退休症候群」。由此可見，沒有好好規劃退休生活，帶來的可能是對自己和家人的一場災難。

到底何時該退休？雖說法定退休年齡是 65 歲，不少國家已經延長退休年齡，另一方面，也有企業偏好年輕、「便宜」的員工，「鼓勵」資深員工提早退休，無論是晚一點、早一點，自願還是非自願退休，越早規劃退休生活，越能縮短初期的摸索。愛爾蘭成人教育學家凱利（Edward Kelly）曾提出「第三人生」（Third Act）的概念，認為第一人生是「依賴」的未成年人期、第二人生是「獨立」的成人期，第三人生則是「相互獨立」（Inter-Independent）的熟齡期，銀髮族的第三人生，既要獨立自主，同時又與他人互相扶持，這樣才能活出自信，讓自己感受到生命的意義和美好。

研究調查
天下雜誌、東方線上所做的「第三人生大調查」發現，台灣民眾認為退休的準備期平均要 15 年，超過八成的人在 50 歲前開始思考退休，女性相較男性，退休後仍想學習新事務、展現興趣及重視與親友家人的良好互動等。

第三人生你想做什麼？

不要因為從工作退下來，就覺得自己一無是處。退休後你想做什麼？試著用三分鐘，在以下空白處，寫下 10 個關鍵字，來回答這個問題。

第三人生你想做什麼？

檢查一下這 10 個關鍵字，有沒有重覆出現或是相關聯的概念？如果有，代表它很可能會成為你第三人生的重心。除了「**家庭重心**」、「**健康重心**」這種必要重心外，還可歸納出退休生活的六個重心如下：

1. **經濟重心**：退休後，你仍需要工作獲得收入，以支付生活開銷或儲備未來可能的醫療費用嗎？若是，你需要以經濟為重心。日本高齡人口占比高，因此政府很早就開始鼓勵延後退休，並提供補貼給雇用超過 65 歲員工的企業。例如日本的寶娜美容店，有 35% 的業務員是 70 至 90 歲之間的銀髮族。台灣政府也積極推展「銀髮再就業」，通過職場再造方式讓退休人士重回職場，貢獻一己之力。

2. **休閒重心**：培養興趣、參加休閒社團，和三五好友一起下棋、

唱歌、登山等，都是有趣、健康又好玩的生活方式。存夠退休金的人，可以呼朋引伴去國外旅遊，一起出門看世界，接受戶外陽光、文化薰陶，也是讓生活充實且愜意的方式。

3. **知識重心**：喜歡閱讀、對任何事物保持好奇心的人，可以藉由參與課程、學習新事物，感受自身能力的成長，找回內在的動力。建立短期且容易達到的目標，全力以赴，可以提升自我成就感。

4. **自我實現重心**：日本趨勢大師大前研一（Kenichi Ohmae）認為50歲人生才重新開機，前台積電董事長張忠謀曾說過，若他沒有50歲的徬徨，就不可能離開德州儀器（TI），也就不會有現在的台積電。

5. **社交重心**：電影《高年級實習生》的男主角，重回職場的目的不是為了賺錢，而是為了與社會有所連結，並發揮自己的價值，很多人參加志工的目的之一，也是想多與不同的人接觸、認識新朋友。

6. **服務重心**：將「服務」與「學習」相互結合，將所學貢獻給社會，並且透過服務過程中得到啟發及省思，與知識重心不同的是，它更強調經驗，是一種做中學的概念。例如有人因為學習日文，進而去考日文導遊，在故宮博物院擔任志工來協助日本觀光客。

上述六大重心加上家庭重心及健康重心並不是單選題，可以依照你的需求與喜好，進行不同的比例分配，如果第三人生整體為100%，你想如何分配這八大重心呢？請把你的配比填入下表。

家庭重心	%	知識重心	%
健康重心	%	自我實現重心	%
經濟重心	%	社交重心	%
休閒重心	%	服務重心	%

興趣是點燃熱情的火種

若退休前生活重心皆在工作上，沒有培養興趣，退休後的生活頓時失去重心，容易胡思亂想，漸漸失去生活動力。興趣好比是點燃熱情的火種，也是串起這些重心的線，在這個興趣下，你可以鑽研知識、得到快樂、結交到志同道合的朋友，提供志願服務，甚至成為你的收入來源或自我實現的基礎。

股神巴菲特說過：「我和你沒有什麼差別，如果一定要找一個差別，就是我每天都在做我喜歡的事情。」若你還不知道自己的興趣是什麼，別擔心，任何時候都可以開始培養興趣。下表是常見的興趣類型，可以勾選看看你喜歡哪幾項。

○ 旅行：國外旅遊、輕旅行、自由行

研究：歷史、科學、語言

○ 運動：高爾夫球、太極、登山、跑步、健走、球類運動、游泳、單車、瑜珈

製作：模型、手工藝、縫紉

○ 閱讀：書籍、雜誌、寫作、上網

觀賞：戲劇、電影、展覽、表演、賞鳥、賞花、觀星

○ 品嚐：烹飪、品酒、品茗、咖啡、抽雪茄

藝術：音樂、唱歌、跳舞、攝影、書法、繪畫、彈琴

○ 遊戲：棋類遊戲、動腦遊戲、麻將

居家：寵物、小孩、家事、園藝

○ 休閒：美容、按摩、逛街、溫泉

其他：收藏、釣魚 、禪修、宗教……

倘若我們能對一件事物感到興趣，沉浸在裡頭，你會感到快樂，人也會顯得有活力。思考一下，剛才你勾選的興趣項目，有沒有誰可能和你一樣？有夥伴一起從事有興趣的事，能讓樂趣加倍，接著思考可參加什麼課程／活動／團體來實踐這項興趣呢？

興趣	有相同興趣者	課程 / 活動 / 團體

例如你喜歡園藝，可以報名社團法人中華民國銀髮健康照顧會舉辦的「有智花園」課程，自然會碰到與你興趣相投的「同學」；又例如你喜歡狗，但一時不知道有誰和你一樣，可以帶著毛小孩去寵物公園玩耍，試著與同樣帶寵物去玩耍的同好交談，說不定你們會成為好朋友，一起報名參加「寵物旅行團」呢！試著用上表做興趣培養計畫，讓它點燃你對生活的熱情吧！

每日一句
生命的長度是上帝在控制，但生命的寬度是你自己決定的。

當個有活力的時尚老人

你是不是認為進入熟齡後,無論怎麼打扮都帥／美不起來?「上了年紀不適合這樣的花色」、「年紀大了,不適合這個造型」,不要自我否定,只要懂得方法,帥氣、美麗、有型,是每個人都可以享受的樂趣。

人是視覺的動物

在初見面的前 30 秒,能給對方留下最深刻的印象,這就是我們常說的「第一印象」。人是視覺的動物,外表亮眼或打扮有型的人,能令人印象加分,通過衣著,可以成功隱藏實際年齡,並將朝氣與活力傳遞給別人。

英國斯特靈大學(University of Stirling)心理學家格里菲(Jack Griffey)和利特(Anthony Little)曾進行一個實驗,讓還未被社會化的 1 - 2 歲嬰兒看一批面容照片,發現嬰兒對於俊男美女的人臉照片,會花較長時間去注視。

時尚,任何年紀都可以

年紀的增長並不會讓你失去時尚品味,香港模特兒彭瑞瑛在 93 歲那年才入行,一頭標誌性的優雅銀髮,使她很快成為廠商新寵,拍攝化妝品、相機等產品廣告。其實只要透過妝、髮、服飾穿搭,你也可以塑造出時尚感。

年過 70 的南韓網紅朴寶禮（Park Makrye），在 YouTube 開設「韓國奶奶」（Korea Grandma）頻道，教大家怎麼把妝化得像歌后艾美懷斯（Amy Winehouse），粉絲們就愛看她拿著黑色眼線和大紅口紅示範妝容，並對時下的妝髮給予辛辣幽默的評論，截稿前粉絲人數已破 42 萬。

經營日本熟齡服飾 Permanent Age 的林多佳子，在 52 歲那年，決定停止染髮，研究適合白髮的穿搭風格，將白頭髮納入裝扮的元素裡，並且善用紅、黑、白三種顏色的搭配來塑造時尚感。

曾有位攝影師找了 7 對不同家庭中的長輩和年輕人，讓他們換上彼此的服裝和配件，換裝後的年輕人並沒有太大的變化，但長輩穿上年輕人的服裝後，表情、姿勢和氣質也跟著變得更有活力、更時髦。

衣櫥反映心理

韓國心理師劉恩庭發現每個人的衣櫥掛的是自己的自尊，你怎麼穿就代表你怎麼過生活。想要過時尚有品味的生活嗎？先來清理衣櫥吧！《太多了：減法的空間生活美學》（It's All Too Much）作者彼得・魏爾許（Peter Walsh）表示，具備以下四種特點的衣服，才夠資格留在衣櫃──**你喜愛的、現在對你合身的、穿上去讓你感覺很好的**以及**穿的時候很多人讚美你的**。

清理衣櫃第一回合，先從功能性來進行篩選，如果現有的衣服具備下表的任一情況，不要猶豫，立刻丟掉它；清理衣櫃第二回合，從心理因素來檢查。如果現有的衣服具備下表的任一情況，告訴自己，既然穿上這件衣服沒什麼好結果，就把它丟了吧！懂得斷、捨、離，才能過清爽、輕鬆、愉快的生活。

第一回合：功能性檢查	第二回合：心理性檢查
・不合體型、形象、年齡	・穿起來平淡無味、不出色
・穿起來（皮膚、身體）不舒服	・穿起來沒有幸福感
・尺寸不合	・覺得這不是自己的衣服
・嚴重髒汙	・不想穿出門
・起很多毛球	・感覺只有遮蔽身體的功能
・嚴重變型、泛黃、脫線，做工差	・穿起來主觀認為不好看
・一年以上沒穿的衣服（傳統服飾等）	・穿起來沒自信心
・流行元素重，流行一過就顯得過氣	・穿了經常被批評

衣服輕、軟、合、雅、暖，過關！

清理完衣櫃後，檢視一下，剩下的衣服是否具備以下五種特色？依「**輕、軟、合、雅、暖**」五要點選擇衣服，具有保健功能，還能兼顧時尚。

輕盈	選擇簡單的剪裁設計與輕盈的質料，厚重的衣服會對身體造成負擔。
柔軟	柔軟的材質不易引起皮膚過敏。棉質T恤、羊毛開襟外套容易穿脫，且柔軟舒服。
合身	合身並不是指緊身或貼身，而是指符合自己身型、體態的衣服，可修飾缺點、強化優點。
優雅	淡雅、簡單的顏色，透過皮帶、領巾／絲巾、項鍊、帽子、太陽眼鏡等配件來增加變化。
保暖	隨著科技的進度，羽絨衣、發熱衣、防風、防潑水功能的衣物，不僅輕便，還兼具保暖功能。溫差過大時，可採洋蔥式穿法，根據內層排汗、中層保暖、外層防風層遞式穿著。

衣著忌三緊

1. **忌領口緊：**領口過緊會影響心臟向頭頸部運送血液，引起血壓下降和心跳減慢，使腦部發生供血不足，出現頭痛、頭暈、噁心、眼冒金花等現象。

2. **忌腰口緊：**過緊的腰口束縛著腰部的骨骼和肌肉，不利於腸道蠕動，影響血液流通與營養供應，使腰痛加重。

3. **忌襪口緊：**過緊的襪口，會將腳的腕踝部勒緊，使腳部的血液循環不良，時間長了，便會引起腳脹、腿腫、腳涼、腳痛、腿腳麻木無力等問題，造成不適感。

合身：挑適合自己的穿著

符合自己身型、體態的衣服要怎麼挑？請根據下面三個問題，按自身狀況在框內打勾，檢查一下自己屬於哪一種型。

體型	A	B	C
肩膀是寬還是窄？	● 寬	● 窄	--
有沒有腰身？	● 粗	● 與肩臀同寬	● 細
臀部是寬還是窄？	● 寬	● 窄	--

如果你的答案是 AAA、AAB、BAA、BAB 屬於蘋果型，ABA、BBB 屬於直筒型，ACA、BCB 是屬於漏斗型 ，ACB 屬於倒三角型，BCA 屬於梨型，這五類身型特色不同，各有適合的款式，可參考 P.33 的表格挑選適合的衣著，這樣穿出門被讚美的機會將大幅提高嘍！

優雅：穿搭出銀髮新時尚

顯老的打扮有哪些呢？太過鮮豔或飽和的顏色，反光後容易讓臉上皺紋、斑點更為明顯；花花綠綠的配色反而老氣；深色暗花紋、太過民族風的衣服，則會讓我們看起來更像老古董。

色彩方面，白色是最百搭的顏色，以黑、灰、藍為基調，或用單一顏色不同深淺進行搭配；圖案方面，選簡單的條紋或格紋最加

答案	體型	身型特色	款式挑選
AAA AAB BAA BAB	蘋果型	肩膀／背部／臀部的厚度明顯	1. 樣式簡單的款式，避免大面積印花 2. 將視線從腰腹中間轉移開，疊穿開襟外套掩飾腹部／臀部 3. 穿 V 領、低領或者 A 字連衣裙，有利拉長比例 4. 選擇喇叭褲，避免緊身褲
ABA BBB	直筒型	肩寬＝腰寬＝臀寬	1. 幾乎所有袖型領型都合適 2. 各種造型或者抽皺設計的上身 3. 有口袋或者腰帶綁帶設計的下半身
ACA BCB	漏斗型	比例上顯得腰纖細	1. 簡約款式 2. 多方面嘗試各種設計款式
ACB	倒三角型	比例上顯得腿細	1. 柔和肩膀線條（V 領下擺稍闊的上衣） 2. 讓臀圍飽滿的款式（A 字裙／長裙）
BCA	梨型	上身瘦	1. 分散臀部注意力的款式（A 字裙） 2. 修身腰部線條的風格 3. 布料稍硬挺修飾的服飾

分。日本銀髮夫妻檔「BonPon」以文青風格的情侶裝打扮紅遍全球，甚至推出聯名服飾，以黑白灰為基底，襯托鮮紅、正藍等鮮

豔顏色，並運用包包、鞋子、襪子、帽子配件做整體造型，穿搭出銀髮新時尚。

運用上面介紹的技巧，發揮你的巧思，構思一週服飾的顏色、款式、配件穿搭的整體造型計畫，為自己辦一場時裝秀吧！

每日一句
時尚不是年輕人的專利，善用妝、髮、服飾穿搭，塑造自己的品味與風格。

	上半身	下半身	配件
星期一			
星期二			
星期三			
星期四			
星期五			
星期六			
星期日			

找回
被需要的感覺

有些人一輩子在職場奔波，不知道興趣是什麼？退休後閒得發慌，看電視成了唯一活動，除此之外還能做些什麼？如何能退而不休呢？讓我們一起找回被需要的感覺，再創造人生美好階段。

想要哪一種退休人生？

退休之後，卸下人生的責任與壓力，不再為五斗米折腰，終於可以開心做自己、享受新生活了。以下五種退休人生，哪種是你最嚮往的呢？自我檢視一下，最嚮往到最不嚮往，從 1 排到 5，你會怎麼排呢？

排序	退休人生狀態
	A. 實現未完成夢想的絕佳機會。搬離原生活圈，展開安可職涯，例如喜歡田園生活的人，買下農場，推廣有機種植，並發展出新商機。
	B. 退休後志趣不變，持續把專業發揮在相關領域上，維持相當的工作量。例如，教師退休後轉任社區大學講師；專業經理人兼職顧問等。
	C. 仍時常關注過去工作產業和社會現況，給予專業評論與建議，但並不採取實際行動。例如，退休建築師出現「職業病」，給予建案評論意見。
	D. 退休就是要好好放鬆，享受自由時光，不必有特定的規畫。例如帶孫子、享受美食、老友相聚、偶爾來一趟小旅行。
	E. 仍在尋找合適的退休模式，雖然對未來感到不確定，但抱持正向態度，不斷摸索和嘗試。例如被迫提早退休、還未準備就退休的人。

如果你最嚮往的是 A，是屬於「冒險者」，大膽追夢是最適合你的退休人生；如果你最嚮往的是 B，是屬於「續承者」，在原來的專業維持「半退休」狀態，或者投入「志工」行列，持續「工作」的感覺才能讓你得到滿足；如果你最嚮往的是 C，是屬於「旁觀者」，很適合當個部落客或 YouTuber，透過寫文章和拍影片，讓你的專業評論被更多人聽見、看見；如果你最嚮往的是 D，是屬於「享受者」，把時間花在家人、朋友、自己身上，能為你帶來快樂；如果你最嚮往的是 E，是屬於「搜尋者」，你要把本篇好好的看完，認真思考該轉變為前四種類型中的哪一種。

美國心理學家南希・施洛斯伯格（Nancy K. Schlossberg）在《聰明退休，快樂退休：找到你的人生真實道路》（Retire Smart, Retire Happy: Finding Your True Path in Life）這本書中，將退休後的人生區分為六大類型，除了上述五種類型，還有一型為「退縮者」。這類人幾乎不再接觸退休前的活動與人際關係，也放棄尋找新的定位，個性變得封閉而不開心。最容易成為此類型的人是戀棧職場生涯、在工作時期就對退休毫無想像，甚至把退休生活視為無用、孤獨、無聊的人。

統計調查
內政部於 108 年底公佈，台灣女性平均年齡為 84 歲，當壽命延長成為普遍現象，50 歲是新的 30 歲，將興趣轉化為專長，可創造人生新舞台，活出新人生！

「冒險者」把興趣當飯吃

一位朋友從公務員退休後，因為喜歡雕刻，便在後院簡單弄個工作室開心自娛。鄰居看了他的作品很喜歡，請他刻神像，隨著口碑傳開，他開店做起生意，最後還變成家傳事業，交給下一代。

若宮雅子（Masako Wakamiya）從銀行職員的工作退休後，對電腦產生興趣，她要求軟體開發人員為老年人提供更多的功能，但沒人響應，她決定自學。而今 80 幾歲的她，受蘋果公司邀請參加「世界開發者大會」時，是與會者中最年長的 App 應用程式開發者。

「冒險者」退休後繼續「工作」的目的，是為了讓自己開心快樂，由於從興趣出發，代表在退休前沒有機會投入大量時間鑽研，除了自己摸索，參加相關課程可以加速專精，如果能取得相關證照，更有助於實踐「把興趣當飯吃」。

常見的課程可依互動性高低和成果性高低，分成以下四種類型。互動性高的課程，可以增進人際關係的互動；成果性高的課程，容易產生成就感。「冒險者」想要追求成果，若興趣是落在類型一（如手工藝創作）或類型二（如烘焙），很適合透過上課的方式，將興趣變專業。

興趣 / 課程	互動性高	互動性低
成果性高	類型二：烹飪烘焙、唱歌、運動健身、舞蹈	類型一：書法、繪畫、手工藝創作、攝影、植栽園藝
成果性低	類型三：品嚐、戲劇表演、文化巡禮、生態漫遊	類型四：樂器演奏、語言學習、健康養生新知

「續承者」只是「半退休」

擔任律師的朋友從知名律師事務所退休後，被上市公司聘僱為法律顧問，讓他的專業得以再次發揮。他體認到經常與外界互動可以減少罹患失智症的機率，因此決定做到身體無法負荷再退休。

新加坡社會企業「銀泉」（Silver Spring）創辦人，退休前從事人力資源管理工作，「銀泉」為中高齡求職者提供職涯諮詢和工作媒合，協助這些專業人士順利求職、重返職場。瑞士網路平台「租一個退休的人」（Rent A Rentner），鼓勵退休後可以上網「出租」自己，提供任何你擅長的專業或服務，讓熟齡族繼續發揮所長，找回人生價值感。

「續承者」退休後繼續工作的目的，是為了讓自己有成就感，讓別人從自己的付出中獲益，最好尋找自己做得來、體力也能負荷的工作，可以從降低每日工作時數、每週工作天數，或者以接案

子的方式進行。平日工作需要動腦、動手、與人互動，就當作是鍛練腦力與健身，與社會保持互動之餘，還能增加收入，讓自己不至淪為「下流老人」。

統計調查

據南韓政府統計，就業或在找工作的「經濟活躍」人口，超過60歲的有450萬人，20多歲的卻只有400萬人，也反映出南韓主要勞動力中，老年人比年輕人還多。美國就業市場，也處於近半世紀來最吃緊的情況，退休員工成為解決嚴重缺工問題的解方，企業將退休員工延退或再聘用，正逐漸成為趨勢。

然而職場並不是「續承者」唯一的選擇，在非營利組織中擔任志工，一樣能讓自己的專長繼續發揮。珊姐從高階祕書的角色退休後，在社團法人中華民國銀髮健康照顧協會擔任「失智心理諮詢園地」志工，為失智症及疑似失智症患者本人或家屬，安排適合的諮詢師進行諮詢，正是繼續發揮祕書生涯鍛鍊出來的「溝通協調」能力。

參考連結

銀髮人才資源中心：(02) 7730 8878

銀髮資源網：https://swd.wda.gov.tw/cht/index.php?

「旁觀者」要避免成為「酸民」

你有沒有看過喜歡評論時事、評論政治的歐吉桑或歐巴桑？他們是「旁觀者」的代表。有些旁觀者的言論，讓人聽得津津有味，有些則是讓人不以為然。評論不是壞事，但要注重平衡，也就是要從正、反不同的角度發表自己的看法，如果只是一味批評，很容易給人「酸民」的形象，讓人退避三舍。

喜歡評論的人通常很有想法，透過別人贊同自己的觀點來得到滿足感。醫學背景的林經甫 Dr. Lin，還沒退休前就與兒子在YouTube 開設「台客劇場」，從鼓勵老年人保持身體健康，到積極參與社會，層面多元，就是「旁觀者」的最佳代表。

「享受者」珍惜生命中的小確幸

不管是出國旅遊、盡情享受人生，或是做公益、學才藝，「享受者」很懂得珍惜生命中的小確幸，也樂於從服務他人的過程中，享受心靈的富足感。

106 年臺北世界大學運動會舉行時，許多退休朋友加入了志工行列，藉著與年輕人共事，讓自己的心境變年輕；還有位朋友退休後積極投入志工行列，協助弱勢族群的訪視工作，看到當事人的困境獲得改善，深深覺得自己的付出是值得的。

退休，不是人生舞台的終點，而是有了「選擇」的自由，你是否
已瞭解自己是屬於哪一種退休類型？找到自己享受退休後新生活
的方式，找回被需要的感覺，創造屬於自己的閃耀人生。

每日一句
人是描繪自我人生的畫家，只有你能創造自己，只有你能決定今後
的人生。

日常生活的時間管理

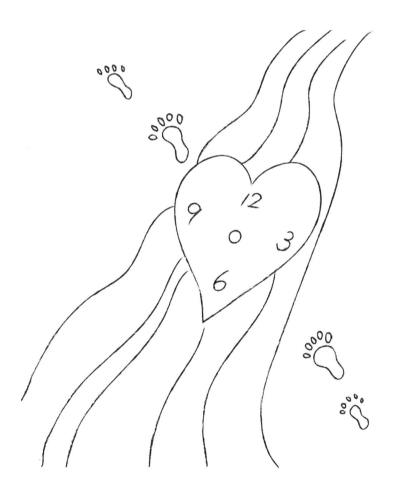

沒有家累或工作，就可以隨心所欲揮霍時間嗎？其實若懂得按照自己的步調、習性進行時間管理，繪製一份專屬自己的「一週生活功課表」，可以讓我們的生活過的舒坦、自在而豐富。

時間都去哪裡了？

退休後終於有了許多時間，面對大把時間，有些人不知如何消磨，就一頭栽進電視裡，也有人感嘆時間不夠用，但其實是在瞎忙。說穿了，不過是在買菜、做飯、吃飯、上醫院、看電視、睡覺中無限循環，這樣千篇一律的生活方式和時間分配是你要的嗎？

人生如同一個空罐子，理想、家人、健康、工作、休閒、學習等是大大小小的石頭，你會怎麼將這些石頭裝進罐子裡？相信聰明的你一定是把最在乎的人事物（大石頭）放進罐中，再放次重要的事物（中石頭），最後才放生活瑣事（小石頭）；若反過來，先裝小石頭和中石頭，一旦填滿，大石頭就無法再放入罐子中。

以為退休後時間很多，可以慢慢規劃，卻忘了一天只有 24 小時，日復一日、年復一年，時間就這樣稍縱即逝，若不善用時間，心中無數的夢想也漸漸與自己形同陌路，擦肩而過，與其總在夜深人靜時懊悔，不如起而行，活在當下，將想做的事情記錄下來，逐一去完成，讓人生圓滿無憾。

還記得你在「PLAN 2 以熱情啟動第三人生」所做的八大生活重心配比和興趣培養計畫嗎？配比越重的就是你的大石頭，先顧好人生中最重要的事情，按優先順序分配時間，才不會本末倒置。

研究調查
美國一項調查顯示，65 歲以上老人白天花在電視上的時間約為年輕人的 3 倍。它佔用你大量時間，讓你運動越來越少，還會導致沒有時間交朋友及培養興趣，讓你陷入孤獨圈，電視並不是個好老伴。

時間分配的概念

《第三人生太好玩：蛋黃退休追夢控》作者黃世岱提到，應善用「三三三時間分配法」，他認為要將第一個三分之一的時間用來照顧自己的身體，有規律的運動、健康飲食及定期門診；第二個三分之一的時間應該用於學習，學些以前想學但沒時間學的興趣愛好，最好要有挑戰性，讓生活有目標，也可以滿足自己的成就感；而第三個三分之一的時間，則是擔任志工，回饋社會。

不難發現，退休生活充實與否，「時間管理」是非常關鍵的因素，你對時間管理懂多少呢？下表中所描述的句子，你認為是對的請打 ✓，錯的打 ✗。

時間管理的思維	對 ✓／錯 ✗
1.時間計畫表只需製作一張週計畫表，就能重覆使用，無需調整。	
2.做家務是個持續進行的狀態，少有結束的時候。	
3.所謂「平衡」對外（社交活動）與對內（家庭）時間，代表投入兩者的時間是一樣的。	
4.隨著科技進步，善用手機應用程式可以幫助完成整月的時間管理。	
5.每日安排好的行程與計畫，一旦制定就必須照表操課。	

2 與 4 答案為「對」，其餘為「錯」，你答對了幾題呢？時間計畫表雖然以週計畫表最為常見，但可以按月、季、年度安排，做適當調整（題 1）；花在內部與外部的時間，不一定是等量才叫「平衡」，可以依據眾多變數做適當安排，只要符合自己的期待與規劃，就是達到平衡（題 3）；每日行程計畫須依據當天的身體狀態、突發狀況作出彈性調整（題 5）。

善用零散／片段時間

每天或多或少都會有些零散、片段的時間，有可能是五分鐘、三十分鐘或一小時。不管時間的長短，若能好好善用這些零散的時間，你會發現其實想做的事也可以一件件完成。請想想你每天

有哪些零散的時間可以運用，再想一想可以在這段時間做什麼事，例如「每週二早上 8:30-9:00」要搭捷運回診，場景是在「捷運上」，可以利用那段時間「聽一段有聲書」，滿足自己的學習愛好；或是「每月初一早上 10:00-10:30」要去土地公廟拜拜，場景是在「找隔壁鄰居一起走路去土地公廟的途中」，利用那段時間「邊走邊聊，維繫鄰里感情」。試著利用下表，找出每週可以運用的片段時間、場景／地點及想做的事。

片段時間	場景／地點	想做的事

排定你的時間計畫表

時間計畫表到底要做每年、每月、每週還是每天的呢？建議可以先將你每年、每季、每月必做的事列下，例如每年安排一次家族旅遊、每季探望某位親戚、每月去書店逛逛及參加志工活動，並決定今年你要做這件事的日期。其他的事就可以安排在週計畫表上。

每年必做的事	每季必做的事	每月必做的事

週計畫表，是反應日常生活安排的規劃工具，建議要考量「**身、心、人、錢、環、學**」六個方面。「**身**」是指身體健康的維持、預防與保健，如安排戶外活動；「**心**」是指心理保健活動，每週保留 2 次兩小時屬於自己的時間；「**人**」是指人際關係維持及家族聚會活動，每週 3 次半小時和親友電話問候；「**錢**」是指經濟生活的規劃，每週規劃 2 小時清點當週花費是否符合預算；「**環**」是指環境整理與維護，每天留 2 小時做家務；「**學**」是指學習生活的安排，每週安排 2 次兩小時參加課程。這六大元素應該在每週輪番上場，出現在你的「一週生活功課表」裡。

請在 P.51 的「一週生活功課表」，把你在「身、心、人、錢、環、學」六個方面的活動項目，排進每天上午、下午、晚上的時段，記得要保持彈性，不用把它填太滿，預留一些時間來應付突發狀況。如此一來，你會發現每天不再瞎忙，每天過得充實，日子過得優雅，是不是很棒呢？

每日一句
當你善用時間，才能擁有自己的時間。

一週生活功課表

日期	星期	上午	下午	晚上
	一			
	二			
	三			
	四			
	五			
	六			
	日			

好好學、
好好用

活到老、學到老，這句話不假，學習能讓腦筋越用越靈活，老年人和年輕人的學習不同，要先相信自己有學習新知的能力，克服不想費勁的念頭，享受從零到一的過程，從運用學習的成果中獲得成就感。

年紀大了還要學習嗎？

你有過這樣的想法嗎？隨著年紀增長，好像很多東西都學過，沒想再學點什麼，似乎沒有動機促使你需要學習；但矛盾的是，你也很害怕自己落伍，無法融入家人朋友的對話、無法適應這個社會的進步。

很多人以為年紀越大，學習能力會下降。根據研究顯示，在語言的學習上，年紀大的人確實學習後記憶程度相較年輕人薄弱，但是在其他技能學習上，年紀大的人需要完成或作答的時間雖然較久，但是結果並沒有比較差，這也驗證一句話，「天下無難事，只怕有心人」。想想看，是什麼阻礙了你的學習呢？請在 P.55 的表格適當的格子裡打勾。

學習能力與學習動機是不同的二件事，學習能力是幫助你取得學習的成就，而學習動機是幫助你取得學習的快樂。邁向第三人生，與其追求學習的成就，不如追求學習的快樂，身體機能老化、記

題目	是	否	不確定
身體機能老化：怕因為行動緩慢、眼睛視力不佳、體力差，影響學習速度、學習成效。			
記憶力退化：有些學習項目有步驟或流程，怕記不住。			
對新事物恐懼：過去缺乏使用電腦或科技產品的經驗，不容易想像或理解要怎麼操作。			
缺乏學習夥伴：住家附近沒有學習團體或同儕，或不知道朋友中誰有興趣一起學。			
心理因素：擔心學得慢、學不好、很多問題，會沒面子。			

憶力退化、對新科技恐懼，影響的只是學習的成就，看開它，這些就不會成為你學習的阻礙。

如同金氏世界紀錄「全球最高齡瑜珈老師」保持人陶奶奶（Tao Porchon-Lynch ），她從 8 歲開始練瑜伽，88 歲時開始學國標舞，與小她整整 70 歲的舞伴搭擋參加比賽，陶奶奶說：「在我心裡，我始終二十幾歲，而且我並不打算長大」。她一生熱愛瑜珈、舞蹈與運動，身輕如燕，姿態優雅，直到 101 歲離世才終於止息。

常說「活到老、學到老」，其實這句話應該改寫成「學到老、活到老」，因為學習可帶給你不斷成長的感覺，才能讓你有生活的充實感。過去的你是否因為工作生活太忙碌，而放棄學習的念頭？退休正是最佳時機，來學習以前想學卻沒機會學習的東西。

學習動機像燃料

學習之前，先找到自己的學習動機，它能持續供給你在學習之路上所需的燃料。沒有學習動機，只是因為別人學，所以自己也「湊熱鬧」，很容易變成「三分鐘熱度」而半途而廢。當然如果不為什麼，就是熱衷學習，學什麼都好，那你一定是「學霸」。

韓國電影《花漾奶奶秀英文》（I Can Speak），劇情描述一位老奶奶，常因各種大小事跑去區公所投訴，區公所的人都很怕她，承辦的年輕公務員最後只好答應用教她英文的方式，換取她不再到區公所「糾纏」的承諾。這位奶奶為什麼要學英文呢？最後答案揭曉，她要到美國法庭打官司，用英文陳述自己身為二戰慰安婦的遭遇，喚醒世人還慰安婦一個公道。的確，每個人學習動機不太一樣，對你而言，你為什麼想要學習呢？

題目	是	否	不確定
為了賺更多錢			
為了解決問題（如學習外語以便出國可以簡單溝通）			
為了得到別人的肯定			
為了與社會保持聯繫或是交流			
為了自己開心、快樂			
為了滿足自己的興趣			
為了自我好奇心			
為了充實自我的成就感			
其他：			

上述八項學習動機，前四項是外在學習動機，這類學習動機容易讓我們想學習，但是能否持久就不一定了；後四項是內在學習動

機，這類學習動機比較容易持久。研究顯示，高齡者的學習動機比較重視個人的需求及愉快的感覺，偏內在動機驅動學習，特徵比較像是自我導向的學習而非盡一個義務。

學習管道

思考完為什麼你需要學習、到底該學什麼，接下來就要尋找適當的管道、選擇喜愛的方式學習。有些人喜歡自己學，而有些人喜歡和群體一起共學，有些人喜歡正式學習，而有些人喜歡做中學，誠如一句順口溜「不下水，一輩子不會游泳；不揚帆，一輩子不會撐船」，對於學習主題、學習管道和學習方式，最好不要預設立場，儘量去嘗試，說不定會有新發現。

教育部為鼓勵高齡者學習，推動「快樂學習、忘記年齡」的理念，建置各鄉鎮市區的「樂齡學習中心」，並結合大學校院開設「樂齡大學」，為 55 歲以上國民，廣設各項學習課程，開創多元的終身學習管道。財團法人和社團法人也常開設銀髮族相關課程，例如行天宮社會大學開設的「納大腦力開發課程」，社團法人中華民國銀髮健康照顧協會開設的「銀髮手機應用課程」都是專為銀髮族而設計的課程。

此外，宗教組織或社團法人，也常組織學習團體，例如讀經班，社團法人中華民國銀髮健康照顧協會自組的「銀髮繪本讀書會」

等。書籍雜誌是自我學習最佳的來源，隨著網路的普及，上網看文章或是上 YouTube 看影片，成為新的自學管道，像 YouTube「快樂銀髮」頻道，就有許多關於熟齡生活各個層面的介紹短片。

以下是不同類型學習管道列表，除了提供你尋找學習管道的參考外，也可以試著寫下你想要透過什麼樣的管道參與哪個主題的學習群體。

管道類型	學習管道	我的學習群體／主題
社會資源	樂齡學習中心／樂齡大學	
	社會大學／社團法人	
自組學習團體	宗教成長團體	
	好友學習圈／讀書會	
自我學習	書籍雜誌	
	影音媒體	

常說「學以致用」，當所學能夠用出來的時候，往往能帶給自己莫大的成就感。有些人在學習後參加服務團體，成為志工，將自己所學回饋社會，例如學習植物知識，成為生態園區的導覽志工；也有些人因為想從事志工服務，而學習更多相關知識技能，例如要成為醫院志工，學習使用血壓計等。因為學而用或用而學，都是正向的學習循環，終身學習可讓你生活充實、心靈滿足，享受更豐富、燦爛的精神生活。

每日一句
讀一書，增一智；學到老，活到老。

從不良成癮 行為中畢業！

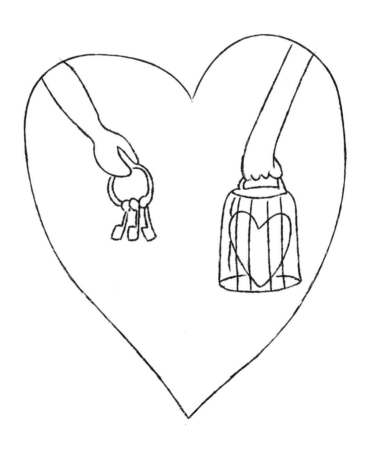

你有沒有在世俗眼光中「不健康的習慣」呢？既然「不健康」，就應該要改掉，又因為已是「習慣」，要改變就有難度，讓我們來談談要怎麼應對這種狀況，幫助自己成功戒除！首先來盤點看看到底有哪些高危險的習慣，一旦失去控制就容易演變成不良的成癮行為呢？

高危險的習慣到底有哪些呢？

以下 1-7 項為常見的習慣，請勾選「符合」或是「不符合」，來檢視自己的狀況。

行為習慣	符合	不符合
1. 我習慣吃重口味和油炸食物		
2. 我不習慣運動		
3. 我習慣吃藥來緩解不適症狀		
4. 我習慣喝酒		
5. 我習慣小賭一把		
6. 我習慣晚睡		
7. 我習慣抽菸		

1. **吃重口味和油炸食物：** 吃高脂肪、高糖、油炸的食物，卻很少吃高纖維、高蛋白、及補充維生素。隨著年紀增長，舌尖的味蕾對於味覺的感受漸漸變遲鈍，因此在飲食中，不知不覺口味會變得越來越重，再加上代謝變慢，無形中增加了高血壓、高血脂、高血糖等三高的風險。

2. **不運動：** 有些人上了年紀，感到手腳越來越沒力，就不願意走動或是站立，能坐就坐、能躺就躺，其實手腳缺乏活動，反而更容易導致肌肉萎縮，成了肌少症；適度的運動不僅可以強化肌肉，也可以增強自己對體力的自信，可以放心參加社團活動。

3. **吃藥：** 生病吃藥，似乎很正常，不過有些人因為沒有其他生活重心，只好將重心放在自己的身體，只要身體有點微微不適，就去看醫生、吃藥，甚至醫生沒有開藥，就會覺得這個醫生不盡責。其實有些症狀，醫生沒有開藥，就代表醫生認為你的身體仍有自我修復能力，可以不用吃藥而痊癒，這時你應該要開心才對。也有些人因為要靠藥物來緩解不適症狀，對藥物產生心理依賴（例如不吃安眠藥就覺得自己一定睡不著），漸漸使身體產生抗藥性，要吃更重的藥才有效，這也是屬於成癮行為。

4. **喝酒：** 曾聽說「每天喝一杯紅酒，可以預防血栓」，醫學證實這是錯誤、落伍的觀念，若還是照做，有可能已經成癮而不自

知；也有人因為感覺孤獨、生活不如意、被病痛困擾、心情不好，因此一個人喝悶酒，或者找人一起喝，越喝越過癮，沒注意喝酒的量，漸漸就染上酒癮了。

5. **賭博**：玩桌遊、麻將可以動動腦筋，必須與其他人一起玩，也可以有社交互動，但是若涉入金錢，就會變成賭博，讓活動變了調，帶來許多麻煩。有些人因為退休、家人不在身邊等因素，漸漸生活沒有重心、或是沒有正當的休閒娛樂的情況下涉入賭博；也有些人一開始只是好奇、想打發時間，但後來漸漸過於依賴導致成癮，一發不可收拾。

6. **晚睡／作息不正常**：有些人喜歡晚睡，或經常半夜睡不著，導致錯過晚上 11 點到 3 點的睡眠黃金期，也是屬於不良的成癮行為。曾有個新聞，筋肉爸爸罹患中風，大家無法理解平常注重飲食、且本身又是健身教練的他，為什麼會中風呢？後來經過訪談才知道，原來他的睡眠時間都是半夜兩點鐘，已經過了黃金睡眠時間，而造成過勞。由此可見，睡飽、睡對時間的正常作息對我們多重要。

7. **抽菸**：「抽了 30、40 年的菸了，怎麼可能戒得掉？」或是「戒了五、六次，但沒有一次成功啊！」這些話是否很熟悉？由於抽菸是非常高頻率的行為，以「飯後一根菸」來計算，每天至

少抽三次，甚至很多人每天抽菸的量是以「包」來計算，一根看似無害的菸，在高頻率下，就變得有害而不容易戒除。

研究調查

馬偕醫院的研究發現，台灣人近 2 名就有 1 名帶有酒精不耐症；酒精會對心血管功能造成負面影響。根據醫學權威期刊 Lancet 自 2018 年至 2019 年間分析 110 萬位飲酒者，發現平均每天喝 1 杯酒，就會少活半年；喝到 3 杯，平均壽命減少 4 ～ 5 年。

不良行為已成癮了嗎？

以上七項行為，如果只是偶一為之，並不會被界定為不良的成癮行為，到底什麼樣的程度才算成癮呢？不妨藉由 P.66 的表格來檢視，請自行於括弧中代入你要檢測的行為，再開始作答。（例如我的行為是【喝酒】，第一題就是：我有強烈想要【喝酒】的感覺；又例如我的行為是【不運動】，第二題就是：我不【不運動】就全身不舒服，此時請運用「負負得正」的概念，把兩個「不」刪掉，將題目轉化為我【運動】就全身不舒服。）

若你有五題以上勾選「非常強烈」，代表你的這項行為習慣已屬於不良的成癮行為。必須先探討為什麼會有這項行為，才能找到適合的方法來改變這項行為。

行為習慣成癮檢測	無或是不適用	有點	還好	強烈	非常強烈
1. 我有強烈想要【　　　】的感覺					
2. 我不【　　　】就全身不舒服					
3. 對於自己【　　　】的行為，無法控制多少量					
4. 對於【　　　】已經停止或是減少時，會有「生理戒斷」* 症狀					
5. 只可以靠【　　　】來達到精神興奮					
6. 除了【　　　】，沒有其他的興趣及樂趣					
7. 每次情緒低落、焦慮不安就會想要大量【　　　】，藉以消除心理的不舒服					
8. 在社交場合，難以克制【　　　】，容易越來越多					
9. 曾經有因為【　　　】而出現打人等暴力行為					
10.常常因為【　　　】，為家人帶來許多的不方便					

* 第四題談到的「生理戒斷」症狀，包括自主神經系統過度跳動，如冒汗或心跳超過一分鐘100下，手抖的次數增加、失眠、噁心、嘔吐、暫時性幻覺（幻聽、錯覺）、情緒激動、焦慮和癲癇發作。

為什麼會有這些不良的成癮行為？

不良成癮行為形成的原因，可以從生理層面及心理層面去探討。從生理的角度，平常大腦的「前額葉」（prefrontal cortex）負責協調思考、情緒與掌管自我，有意識地控制與改變我們的行為，讓我們知道抽菸、酒癮、毒癮是不好的，但是劇烈壓力會引發一連串的化學變化，削弱前額葉皮質的影響力，讓你的行為控制能力變差，導致很快的又恢復到不良舊習慣。試著找出壓力的來源。反思一下，最近一次發生不良成癮行為的狀況，當時是發生什麼事？是什麼造成你的壓力？（參考以下範例，寫下自己的狀況。）

不良成癮行為	喝酒	
地點	住家	
時間	睡前	
情緒感受	沮喪、無力	
旁邊有人嗎？是誰？	太太	
推測情緒的來源	因為出錯被太太指責	

你可以利用上面的表格做紀錄，整理自己是在什麼情況下或遭遇什麼情緒變化時會啟動成癮行為，觀察是否有一個特定的模式將有助於瞭解習慣是如何養成的。例如發現每次喝酒，都是被別人

指責的時候，雖然被指責的事件不同，但相同之處都是覺得自己失去尊嚴，此時會想透過喝酒來發洩。

名詞解析

大腦「前額葉（prefrontal cortex）」的位置在額頭處，地位宛如企業中的執行長，可以說是「腦的 CEO」，主要功能是分析、判斷、規劃、自制，因此掌握思想和情緒的高階控制權。 1997 年在「自然雜誌」發表的研究發現，憂鬱症患者大腦前額葉的血流明顯比正常人少，前額葉猶如情緒的煞車系統，異常時會使情緒失控。

從心理的角度，不良成癮行為也可能緣於心裡的補償作用。曾經有個案經常咳嗽卻找不出病因，後來發現他老伴在世時常常咳嗽，因此在潛意識中，咳嗽的聲音讓他有被陪伴的感覺，咳嗽病因不是自己身體出況狀，而是因老伴得肺腺癌驟逝帶來的打擊所導致。（回想一下，記憶中第一次發生不良成癮行為的狀況，當時是發生什麼事？與成癮行為有什麼關聯？）

如何改變這些不良的成癮行為呢？

想要改變行為，可以嘗試以下四個步驟：

第一，用好奇心喚醒覺醒能力。美國精神病學家及神經科學家賈德森·布魯爾（Judson Alyn Brewer）做了一個有趣的實驗，他不強迫參與實驗的人戒菸，但是在抽菸時，必須用心去體察抽菸時

的不良感覺是什麼？是感受到肺部吸進了不乾淨的氣體？還是覺得很多噁心的化學品進入身體內？利用這樣的「好奇心」，感受這些不良的成癮行為對身體有多大的不良影響，這樣就比較容易戒除這些根深蒂固的壞習慣。

請在下方的括弧中填寫你想要戒除的行為，下次在你做這件事時，思考它會帶來什麼不良的影響？把焦點放在這個句子，用好奇心去探索任何可能的答案，再把這些答案記錄下來，給自己一個挑戰，看能不能找出八個不良影響。

【　　　　】會帶給我什麼不良的影響？	
1.	5.
2.	6.
3.	7.
4.	8.

第二，找出原來反應的替代品。既然不良成癮行為是一種習慣，可以透過改變習慣，來戒除成癮的不良行為。心理學中的習慣行為學，認為習慣是透過三個階段形成的：刺激、反應、獎勵，「飯後一根菸，快樂似神仙」就是最典型的例子。每次吃完飯後，被

激發要抽一根菸,而久而久之,形成常規的行為,覺得這樣做能獲得心靈上的爽快感(獎勵),因此在大腦建立一個脈絡記憶,習慣性的發揮指令,讓你不斷重覆這樣的行為。

想要戒掉一個壞習慣,要找到能得到相同獎勵的替代品,例如你喜歡嗑瓜子,除了嘴巴不斷在動之外,看到滿滿的黑色瓜子,嗑完後變成白白一片的瓜子殼,很有成就感,就可以將原來的反應「抽一根菸」以「嗑瓜子」來取代。

每天做,連續 12 週,你會發現對「抽菸」這個行為,大腦的「前額葉」又取得了「控制權」,你將不再仰賴它。

你也試著做做看，最早一次發生不良成癮行為的狀況，當時是發生什麼事？與成癮行為有什麼關聯？找出原來反應的替代品。

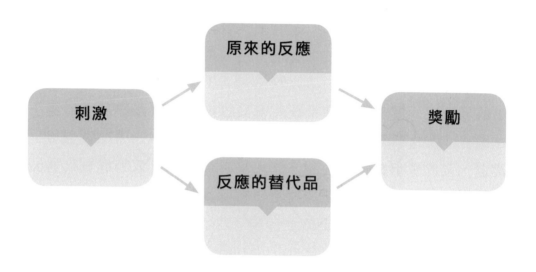

第三，做漸進改變的計畫表。如果你要改變「不愛運動」的習慣，今天健身教練請你跑操場五圈，你可能馬上放棄了，但如果從每天跑一圈、第二天再增加一圈、直到第五天跑五圈，是否感覺容易多了呢？你可以有計畫性的逐步改變壞習慣，給自己 4 週（30 天）、8 週（60 天）、或是 12 週（90 天）的時間，來漸進調整行為模式。

試著完成 P.73 的「漸進改變計畫表」，先設定要改變哪一個壞習慣，想改兩個以上的壞習慣會很辛苦，也不要給自己設下太難達

成的目標，否則會很容易放棄。以戒酒來舉例，設計 12 週的計畫，目標從一天一瓶，到滴酒不沾，第一、二週，設定只能喝⅘瓶，第三、四週，設定只能喝⅗瓶，依此類推，完成一天劃掉一天，七天完成後紀錄一下這週的感受，你覺得充滿正能量還是負能量？12 週完成後，你會很驚喜自己有能力戒除不良成癮行為。

第四，建立一個支援社交系統。若只靠自己來改善壞習慣其實是一件不容易的事情，建議你可以找好友或是親人來互相督促彼此，設定一週或是兩週碰一次面，談談這段時間自己做了那些改變，大家互相加油打氣，戒癮的同時，也可以有快樂的社交。曾經有個朋友想要戒掉 30 年抽菸的壞習慣，他就告訴周遭的親友，若看見他抽菸，就可以跟他申請 200 元，結果他在短短一個月之內就戒掉抽菸這個習慣。

每日一句
別讓自己孤獨的戒癮，戒癮的同時，也可以有快樂的社交。

想改變的習慣			開始日期	
最終目標			預計結束日期	
日期		目標 / 行動	感受	能量（正 / 負）
第 1 週	一二三四五六日			
第 2 週	一二三四五六日			
第 3 週	一二三四五六日			
第 4 週	一二三四五六日			
第 5 週	一二三四五六日			
第 6 週	一二三四五六日			
第 7 週	一二三四五六日			
第 8 週	一二三四五六日			
第 9 週	一二三四五六日			
第 10 週	一二三四五六日			
第 11 週	一二三四五六日			
第 12 週	一二三四五六日			

PLAN 8

維持良好的
家人關係

人們會把最真實的一面呈現在家人面前，因而將對家人發脾氣視為理所當然，這是家人關係可怕的殺手。從學會感恩做起，花時間與家人相處，嘗試互相瞭解、彼此關懷，並與家人作正向的溝通。

從感恩做起

我們常常會將家人給予的照顧視為應該的，對外人態度親切，對自己人則顯露出不耐煩，更不用說對家人表達感謝。要經常感謝家人，不只是在特定的節日，家人之間相互表達感謝，感謝每一天有彼此的陪伴及照顧。下表的各項行動都是出自內心對家人感謝的表現，想想看上一次你做這些事是什麼時候呢？

感謝的行動	上一次做這件事的日期
1. 給家人一個擁抱或微笑	
2. 做會讓家人開心的事	
3. 幫助家務	
4. 寫一張暖心的紙條給家人	
5. 對家人表示感謝	

對於任何事情，無論大小都應懂得感恩，尤其是家人，不妨親口告訴他們，生活中因為有了他們，你才感到快樂。許多研究指出，保持感恩的心可以增進心理、情緒和精神健康，心存感恩的人過得更快樂。俄國著名心理學家巴甫洛夫說：「快樂是養生的唯一秘訣」。另外《快樂是一種選擇》（Happiness is a Choice）作者考夫曼（Barry Neil Kaufmann）也曾說過：「感謝是通往心境平和與內在快樂的捷徑」。

無論外界發生什麼事，總能找到值得感謝的事物。你接下來的一週要對誰採取表達感謝的行動呢？透過對家人表達感謝，讓感恩變成習慣，可以促進家人間良好的關係。

家人	感謝的話語或行動	完成日期

善用時間與家人相處

你有計算過每月花在家人身上多少時間嗎？在家人身上花的時間太少，很難建立對家庭的認同感，家裡的事所有人要一起參與，

家中的每一分子都應該挪出時間幫忙，同時要把對家人的承諾放在第一位。

在和家人相處上，質和量一樣重要，若陪伴品質不佳，即使花很多時間也無法達到效用。其實和家人一起做了些什麼並不重要，重要的是相聚時維持愉快氣氛，大家一起度過美好、溫馨、放鬆的時間越多，家人間的感情就會越緊密，家庭就會越幸福。下面兩個例子可做為家人間互動的參考。

案例一

楊家子女長大後都在國外成家立業，一家人分別居住在三個不同國家，平日因各自忙碌及時差關係，只能透過網路及社群媒體連絡，很少有機會碰面。為了維持家人間良好的關係，楊家每年安排在不同國家聚會，雖然每年只碰面一次，但大家都非常珍惜這段相處的時間，藉由每年一次的家庭旅遊，設計不同的活動，凝聚家人間的感情並留下美好的回憶。

案例二

盧家運用 Line 建立家庭群組，在群組聊天過程中，你一言我一語拼湊出故事的全貌，有子女小時候的事，也有爸媽生平的故事，再利用記事本功能，將許所多快被遺忘的趣事，整理成為家庭共同的、永恆的回憶。

互相瞭解、彼此關懷

在關係親密的家庭中，家庭成員通常具備相互尊重、體貼彼此、支持鼓勵、共同學習、一起成長特色，相反地，家庭成員彼此缺乏瞭解和關懷的舉動，往往讓家人的關係漸行漸遠。以下提供一些方法來維繫家人關係。

1. **挖掘並看見家人的優點：**其實很多生活上令人受不了的缺點，換個角度想，也可能帶來好處，像「小器」可以看成「節儉」。

2. **詢問家人近況與感受：**時常關心家人今天過得怎麼樣，聊聊他在學校、工作、生活中的事情，這會讓家人覺得受到關心，從外在發生的事進而瞭解他的內心世界。

3. **主動和家人分享生活體驗：**主動開啟話題，讓家人瞭解你的想法，有助增進彼此理解，讓家人之間多一份體諒和關心，讓你們變得越來越親近。

4. **額外多分擔一些家事：**這是一種體貼他人的行為表現，可以邊和家人聊天、邊一起做點事，除了實質能減輕家人的負擔，在心理上也能讓對方開心。

5. **召開家庭會議：**家庭會議時間可以是固定的，如週日晚餐，也

可以單獨安排。議題可包括回顧上週、未來一週的計劃、新的活動或發生的問題等,可以學習民主的精神,用公正的方式來處理家人間的爭議,化解彼此心結。

寫下你打算用什麼樣的方法來維繫家人關係:

把咆哮變成溫柔

與家人溝通中最重要的四件事是傾聽、表達、尊重和鼓勵彼此的感覺和想法。

1. **傾聽**:這是瞭解的開始,要好好的傾聽,才能瞭解對方的意思,然而發脾氣時講的話不要太認真聽,若把這些氣話當真,反而會誤解,要想辦法化解歧見,就能找到新的、對的解決方法。

2. **表達**:沒有好的表達,對方無法真正瞭解我們的想法,原本良善的意圖也可能被曲解。然而,誰都有脾氣上來的時候,此時很容易口無遮攔,「有話直說」的結果往往造成更大的傷害。其實有些方法能讓咆哮變成溫柔,好好將下表的五招學起來。(最後一欄空白是讓你練習將原本想講的負面說法,改寫成正面說法,並分析自己使用哪一項訣竅。)

負面說法	正面說法	訣竅
你很煩	我現在很煩	主詞從「你」換成「我」，即可從攻擊對方變成描述自己
馬上把藥吃完	如果可以在 1 分鐘內把藥吃完就可以吃點心	以「如果……就……」代替「命令句」，加上做此事的好處來增進吸引力
不要看電視了	可不可以吃完飯再看電視	從「負面肯定句」改為「正面疑問句」，有商量的空間感覺較尊重他人
講過幾百次了怎麼講不聽	之前已經講過囉，我們現在這樣處理	「委婉」語氣取代「苛責」語氣，有時語氣比字面還重要
腳都走不動還想跟人家去逛街	趕快把腳力練好，就可以出門逛街喲	「鼓勵」取代「嘲諷」，加上語尾助詞「囉／喔／喲」，感覺更溫柔

3. 尊重：每個人都希望受到他人的尊重和諒解，然而家人間有時會因不同的想法或觀念無法取得共識，彼此處於猜忌而阻隔了交流。我們無法、也不該期望別人和自己的想法一樣，別人有別人的選擇，就像你有你的選擇一樣。想化解彼此的心結，你可以私下寫紙條給對方，委婉說明你的想法及做法，如此可以避免因面對面而引起更大的衝突，給對方前，務必請第三人看一下你的措辭是否夠「委婉」、夠「客觀」，以免再次淪為筆戰，唯有紙條內容能讓對方心平氣和，對方才有可能瞭解並願意接

受你的建議。

4. **鼓勵**：溝通的過程，可以交換彼此的意見和感覺，並且在對方表達不同看法的時候，給予尊重和鼓勵，對話時多用積極正面的字眼，少用嘲諷的口吻交談，讓對方感覺受尊重。

家庭氣氛是否和樂，溝通扮演著舉足輕重的地位，良好和善意的溝通是健康家庭的重要特質，讓家庭成員充分地表達，多一些婉轉的語言及包容的胸懷，相信再多的紛爭，都能在互相扶持、互相體諒下化解。

每日一句
在家人關係中，表達愛的方式就是共度珍貴時光。

委屈不要藏心裡

美國電視台製作的實境秀《透視你的心》，心靈導師找自願者上台抽信封，第一位自願者是家庭主婦，看完信之後開始啜泣；第二位自願者是工程師，看了信之後，驚呼「你怎麼知道我心中的秘密」，接下來的幾位自願者看完信後，有的充滿訝異，有的嚎啕大哭，大家都覺得這位心靈導師簡直太神了，他請自願者唸出手中的信：

「這世界對你並不公平，只是為了你的至親所愛，你選擇了隱忍。但你的心，越來越失望，他們已經習慣把你的包容視為軟弱可欺，你只能默默承受委屈與無奈至今。」

大家都為之震驚，因為所有自願者拿到的是同一封信。這個實驗證明每個人都有委屈與無奈的故事，只是有的人選擇外顯，有的人選擇藏在心中最深處。

什麼是委屈？

委屈是指受到不公平的對待或指責，使心中感到難過或不開心，這是內心失去平衡的狀態，人們感覺自己付出的和得到的嚴重不對等。但也可能是因為被誤解，你又不想去溝通或是認定溝通無用，而讓你感到委屈。

> **寫下你最近為了什麼事感到委屈？**

你是容易感到委屈的人嗎？

人生中難免遇到受委屈的事情，你有沒有想過自己感到委屈的頻率比常人高還是低呢？請利用以下題目，測測看你是不是容易感到委屈的人。

題目	是	否
1. 我很在意別人看法及觀點。		
2. 我覺得自己總是在付出。		
3. 我很希望被看見、被認同。		

以上三題，如果有任何一題答案為「是」，代表你是容易感到委屈的人，不妨參考以下建議。

1. **在意他人型**：《被討厭的勇氣》一書中提到，人不應該活在別人的價值觀中，過著別人的人生，要學會肯定自己、對自己有自信，一切的決定都是在於自己。

2. **不斷付出型**：減少付出或降低自己對回報的期待，讓付出與回報的蹺蹺板回到平衡點。

3. **情緒勒索型**：會透過自己的委屈來勒索別人或是控制別人，常會聽到的言語是「我這麼愛你，你卻這樣對我？」或是「我為了讓你怎樣怎樣，我犧牲了什麼什麼，你現在這樣對得起我嗎？」。這類型的委屈者，讓別人感到的壓力最大，這些語句在別人的眼中，其實是不願為自己人生負責的表現。必須先意識到自己有情緒勒索的傾向，並為自己的選擇負責。

人只會被自己困住，沒有人可以勉強你什麼，試著運用阿德勒心理學中的「課題分離」來思考，例如你為了配合家人吃素，犧牲自己愛吃肉的飲食習慣，在課題分離的邏輯下，真正的想法應該是：「他不吃是他的事，我喜歡吃是我的事。只要沒有影響到他，他就無權干涉我選擇哪種食物。」這樣才能繼續找出可以讓二者並存、不委屈任何人的方法。

那麼思考一下，剛才你所寫的讓你感到委屈的事，到底是誰的課

題？後果會由誰來承受？

如果你發現，這些不是你的問題，而是別人的問題，最後也不是
由你來承受這些，你的委屈感或許就會消失了。

委屈四象限

在現代壓力頗大的社會環境中，每個人都有不同程度的委屈，然
而你有沒有想過，你的委屈有沒有可能是自找的？你認為的委屈
在別人眼中是委屈嗎？如果用自己的觀點與第三人的觀點，來探
討委屈或不委屈的認知，可以形成以下四大象限來幫助自我剖析，
瞭解自己的委屈狀況是屬於哪一種，就不難找到應對策略。

主觀看法 ＼ 客觀看法	委屈	不委屈
委屈	二、委屈者	一、自討苦吃者
不委屈	三、甘願受者	四、進取者

象限一、**自討苦吃者**：自己覺得委屈，但別人都不覺得你該感到委屈。這類型的人常會認為自己犧牲這麼多，為什麼別人看不到；然而站在第三人的角度，會覺得又沒人要你這樣做，何必自討苦吃？

象限二、**委屈者**：自己覺得委屈，別人也認同你很委屈。這類型的人常覺得自己對於家裡、工作充滿著忍耐，總是犧牲自己，成就別人。

象限三、**甘願受者**：自己不覺得委屈，但別人卻為你叫屈。這是屬於歡喜做、甘願受的人，代表者是阿信，這類型的人已經「習慣委屈」了，要注意是否漠視了自己的委屈。

象限四、**進取者**：自己不覺得委屈，別人也不覺得你有委屈。這類型的人認真的朝著自己目標邁進，常給別人樂觀、積極進取的印象。

反思一下，剛才你所寫的讓你感到委屈的事，是屬於哪一象限呢？

排解委屈的心態與方法

從心態面來看，當進取者顯然比較快樂，要如何從委屈者的心態轉換到進取者的心態呢？訣竅就是化被動為主動，也就是把「為

什麼……」的句型，改為「我如何……」的句型，例如將「為什麼我要犧牲，提早退休照顧家人？」改成「我如何照顧好家人，讓我的提早退休值回票價？」不妨藉由以下練習，來轉換成進取者的心聲。

委屈者	進取者
為什麼我的子女都不願意回家來陪我？	
為什麼過年要我準備年夜飯？	
為什麼我的另一半都不願和我聊天？	
為什麼我為家庭犧牲這麼多，他們都不懂呢？	

剛才你所寫讓你感到委屈的事，如何轉成進取者的心態呢？

從技巧面來看，除了前面提到「課題分離」的方法外，排解委屈還有以下好用的方法：

1. **設定停損點**：讓對方知道你不喜歡他對你這樣說，或是不喜歡他這樣的反應。請切記沒有人是你肚子裡的蛔蟲，可以知道你心中的想法，若你沒有主動溝通，就別生對方的氣，因為他或許根本不知道已經踩雷了。

2. **釋放委屈**：有了委屈，要找方法釋放出來。可以找人傾訴、利用「委屈排解紀錄表」來反思，或是找不相干的朋友一同出遊，轉換心境。

3. **運用同理心**：站在對方的角度，換位思考「為什麼對方會有這樣的行為」、「他是不是正遭遇什麼困難」或是「他是不是也有什麼委屈」，這樣同時也可以幫助自己的心理感到平衡一些。

4. **肯定自己**：不靠其他人來肯定自己，告訴自己「我做的很棒」、「做這些事情讓我覺得很快樂，對方不肯定我也沒關係，因為我已經擁有快樂了！」

製作自己排解委屈的葵花寶典

我們常常在追求公平，追求付出有回報，其實這二件事都不是我們能控制的，我們可以做的是練習重視自己的感受，找出排解委屈感的方法。

邀請你利用 P.92 的「委屈排解紀錄表」來做紀錄，寫「委屈的原因」可以幫你找出自己容易覺得委屈的事情是什麼，寫「排解的方法」可以讓自己遇到委屈的時候，思考如何排解；第一列是範例，紀錄一陣子之後，這些排解方法就會成為你的葵花寶典喔！

每日一句
誰的人生不委屈，但請由內心肯定自己，不靠外界來肯定自己。

日期／時間／地點	讓你感到委屈的事由	最後如何排解呢？
3月8日 早上 家裡	我辛辛苦苦一大早起床幫先生煮了早餐，結果他一口都沒有吃，就匆匆忙忙急著出門，他居然還回我說：「我又沒說我要吃早餐」。	後來我就把早餐打包拿到公園請朋友吃，朋友覺得我做的早餐很好吃，還感謝我呢！我覺得心理舒服多了。我回家跟我先生說：「我朋友請我謝謝你，因為你今天沒有吃我做的早餐，他才能吃到這麼好吃的早餐。」

面對摯親離去的勇氣

隨著年紀漸長，親友的離去，往往是我們難以承受之痛，當生命中的無常發生時，我們應坦然看待與調適，幫助失落的情緒找到出口，讓自己有繼續前進的力量。

面對哀傷

韓國有一個電視節目將過世小女孩的畫面用虛擬實境科技（Virtual Reality）重現出來，讓媽媽重溫記憶中的溫暖畫面，轉播出來的這一刻時，逼哭所有人。但社會評價呈現出兩個極端，有人認為這樣會讓媽媽好不容易撫平的傷口，再度被掀開，傷口永難撫平；有人認為這樣可以讓她有機會跟女兒好好說再見，彌補之前未完成的事情。拜科技之賜，已逝親人可以虛擬再現，如果是你，你會選擇與摯親再次相見嗎？

人生難免會面臨失去親人、朋友、摯愛的情境，發生這樣的狀況，哀傷是正常的，每個人都擁有哀傷的權利，每個人面對哀傷所需要平復的時間也不一樣，重點是要讓自己走出哀傷，而不是放任自己一直活在哀傷的氛圍中。

親人過世後的那幾個月，你有沒有以下症狀？若這些症狀影響到工作和生活長達六個月，讓你有明顯強烈甚至無法招架的感受，請在框內打勾。

1 不相信、很難接受親友死亡的事實

2 情緒起伏不定或坐立難安

3 想到親友死亡，就感到極度痛苦或感到憤怒

4 感到人生空虛、無意義

5 不想與人接觸（感到麻木或人際疏離）

6 失去目標或感到茫然

7 難以再相信他人

8 無法繼續過原來的生活

八項中若有四項打勾，代表你還活在失去摯親的悲傷中。你離走出悲傷還有多遠呢？心理治療師沃登（Worden）提出「哀悼歷程四階段」，你可以檢視看看自己目前所處的是哪個階段呢？

哀悼歷程四階段	
第一階段	接受失落的事實
第二階段	經驗悲傷的傷痛
第三階段	重新適應摯親不在的環境
第四階段	將失去摯親的情感，重新投注在未來生活上

勇氣祕方

死亡是一個很沉重的離別,如何好好和親人說再見,停止遺憾,是一門很深的課題。面對摯親的離開,要怎麼走出悲傷呢?這並不是要你忘了他,有些人對於逝者的思念,可能十年都還無法忘懷。所謂走出悲傷,是指抒發並撫平情緒,找出方法,讓自己的生活回歸正軌。

走出悲傷是需要勇氣的,提供你一帖「勇氣秘方」(C.O.U.R.A.G.E.),藉由這帖秘方,讓自己早日走過哀悼歷程四階段,珍藏對親友的思念,在人生的道路上繼續向前。

Care:關心自己的情緒。允許自己悲傷,大哭一場吧!哭是理所當然的,哭是正常的反應,可以幫助你釋放負面情緒。

Open:開放自己的心胸,接納別人的關心。直接告訴周遭的朋友你需要什麼樣的幫助,或者告訴他們其實你只是需要找人說話,不需要解決方法。

Understand:瞭解什麼是可以改變的,什麼是不可以改變的。尼布爾祈禱文中提到,「親愛的上帝,請賜給我雅量接受不可改變的事,賜給我勇氣去改變應該要改變的事,並賜給我智慧去分辨二者的不同」。有些人可能會自責「如果我怎樣怎樣,他就不會

死亡」，然而死亡這件事誰都無法控制，也無法改變，唯一能做的就是接受它。

Reflect：反思自己需要面對什麼責任。例如有責任要照顧在世的親人、有責任要完成逝者的心願等，找出活下去的意義。

Adjust：調整自己的心態和生活步調。靠著正向轉念，或其他事物來轉移注意力，例如傳統習俗折蓮花，透過折蓮花將祈願迴向給亡者。生活中少了重要的人，生活模式或步調勢必要做些調整，要不斷告訴自己：「我可以做到」、「他一定希望我過得好」。

Gain：重新獲得生活的動力，將焦點放在未來生活上。雖說哀傷情緒復原的時間沒有一定，但不要讓自己沉浸在悲傷的氛圍太久，可以多參加社交圈，結交充滿正能量的朋友，得到活力的「外援」。

Elaborate：闡述自己的經驗，或者請別人分享他如何走出哀傷的經歷。日本電影《送行者～禮儀師的樂章》劇中的男主角，看到「旅途協助者」的求職廣告，去面試才知道是要擔任「納棺師」，從原本的排斥到後來領悟到這份工作的神聖，發現自己在協助家屬送行的過程中，彌補了母親過世時不在身邊的遺憾，在一片悲傷的氛圍中，他的存在彷彿是一股安定人心的力量。

面對不算安慰的安慰

當喪失摯親時，周遭的朋友都會試圖安慰你，也願意伸出援手幫忙，你有沒有聽過以下安慰人的話？你覺得有效還是沒效呢？

有效	無效	安慰人的話
○	○	1 這是最好的安排，不要難過了。
○	○	2 不要哭、不准哭，ＸＸＸ會捨不得走。
○	○	3 時間久了，你就不會難過。
○	○	4 你的感受我能理解。你要為ＸＸＸ活下去啊！
○	○	5 還好你還有ＸＸＸ可以陪你。
○	○	6 你要是再不振作起來，死去的ＸＸＸ會很難過的！
○	○	7 老天自有安排。
○	○	8 好在，你還年輕，還可以……
○	○	9 有什麼需要幫忙的，你儘管跟我說。
○	○	10 我知道你很難過。

「有什麼需要幫忙的，你儘管跟我說。」這句話能讓人感受到支持，「我知道你很難過」這句話能讓人感受到被同理，其他的表達方式都隱含說者的主觀判斷。聽到這樣的話該怎麼辦呢？

1. **對方到底想說什麼？** 並不是每個人安慰的技巧都很好，無論他們是怎麼表達的，他們真正的意圖是「我想安慰你」，當你能夠理解他們是出自於善意，就不用太介意。

2. **為什麼他們要這麼說？** 可能從小被教育要堅強，不可以輕易掉眼淚，看到有人悲傷的情況，其實也讓他們手足無措、感到不自在，你心情恢復平靜，也會讓他們感到「警報解除」、鬆一口氣。

3. **你該怎麼回答？** 你可以選擇充耳不聞，或是微笑化解尷尬，其實只要回覆一句「謝謝你關心」就可以了。

面對失去摯親，每個人都有悲傷的權利，你可以允許自己好好悲傷，但你有責任自我療癒，勇敢面對失去摯親的傷痛，找到讓自己走出悲傷的力量。

每日一句
你離開了，但你在我心裡永遠有個位子。

PLAN 11

獨居練習題

上了年紀，一定要跟孩子住一起嗎？孩子白天上班，生活作息大不同，未必能陪伴你，又或者進入熟齡期，家人親友的狀況也隨著改變，有可能再度恢復「單身」，獨居終究是每個人會面對的練習題。

獨居是一種潮流

台灣過去「養兒防老」、「兒孫滿堂承歡膝下」的觀念盛行，這樣的觀念隨著時代的演變，正悄悄地改變了。根據衛福部於 107 年公佈的老人狀況調查報告，台灣獨居或與配偶同住的老人比例已突破 20%，已有越來越多人選擇不依附子女生活，而是各自生活，與家人約好時間，有空就見面，沒空便視訊。

你對「獨居長者」四個字的印象是什麼？是「孤獨淒涼」還是「獨立自由」？美國心理學家強納森‧齊克（Jonathan Cheek）發現自主選擇獨居的人心胸開闊、愛自己、具同理心，與一般人的刻板印象很不同。請拋棄對獨居的成見吧！

你算是獨居長者嗎？下列情況與你相符合的有幾項？在符合的項目前打勾。

- 1 年滿 65 歲以上

- 2 非居住於機構

- 3 與子女（或直系血親卑親屬）居住不同鄉鎮市

- 4 與子女（或直系血親卑親屬）居住同鄉鎮市者，但關係疏離

- 5 同住者無照顧能力

- 6 同住者長期不在，非間歇性不在

- 7 本人無子女

台灣各縣市政府對獨居的定義略有不同，共通點是一定要年滿 65 歲以上且非居住於機構，如果你在上表第三至七項有打勾，你可能符合「獨居長者」的條件。隨著少子化、人均餘命增加，再加上社會發展的多元化，獨自生活的銀髮族越來越多，進入熟齡時，就是夫妻過空巢生活或重新展開「單身」的時候，有時是不得不的結果，有時則是考量自己與家人的生活需求而做的決定，不論是被迫獨居或自願獨居，只要做適當的規劃，熟齡的獨居生活也能很精彩。

研究調查
根據行政院經建會提出的人口白皮書指出，2030 年臺灣預估將有573 萬的老年人口。根據日本人口與社會安全研究機構的預測，日本老人獨居的比例，到 2040 年將突破 44%。

打造安全至上的舒適環境

「家」是待最多時間的地方，也是獨居生活首要關注的議題。日本電視節目《全能住宅改造王》，每集播出一間房子改造的過程，其中半數是為了長輩而改造，例如傳統日式住宅地面會有高低差的問題，長者容易絆倒；常用物品的收納空間太高或太低，長者拿取不易並造成身體負荷；廁所動線不良，一路上得穿越重重障礙才能到達；缺乏無障礙設施等。因此，加裝扶手、冷暖氣、樓梯升降椅、改善照明、浴室乾濕分離等，都會大幅改善生活的便利性。

你可以利用 P.105 的表格對居家環境做個盤點，看看自己的家是否「宜居」，符合的項目請打勾。如果你的勾勾在 7 個以下，表示居住安全堪慮，要立即改善，若在 8~14 個間，表示你可以從改善環境中明顯獲益，若在 15 個以上，表示你的居家環境優良，若能再做改善，可進一步降低造成生命危害的意外發生率。

避免熟齡獨居的風險

除了擁抱獨自居住的好處（如自由、減少與家人因生活習慣不同而產生的摩擦等），改善居家環境，也要注意獨居可能的風險及緊急事件應變。獨居生活意味家中只有自己，或是只剩夫妻兩人，親友無法隨時在身邊陪伴，或是協助照料生活起居及安全，提高風險意識，就能及早避開或做好應變計畫，讓你的獨居生活也可以過得很安全、很安心。

居家環境盤點項目

1. 家裡很整潔，地上、桌上不會雜物過多

2. 走道、門前後無擺放家具或雜物阻礙出入（特別是臥房出入口到最近的衛浴空間）

3. 常用物品可以輕易取得

4. 電器（包括需用電的醫療設備）被妥善放置，電線也整理好

5. 地板和拖鞋防滑性足夠

6. 地毯或地墊固定好且無破損，不易滑倒或絆倒

7. 櫥櫃（特別是臥室）有固定措施，即使遭遇地震也很穩固

8. 家具家飾被安裝妥善或黏牢，不會輕易倒下或跌落

9. 家中所有窗戶玻璃穩固牢靠、無破損、容易開關

10. 家中照明設備充足，有夜燈或自動照明設備

11. 浴室、廁所、廚房排水良好，不易造成地板潮濕、積水（最好乾濕分離）

12. 浴室、廁所、樓梯具備扶手或安全輔具

13. 家中溫度可以控制良好，有隔熱或取暖的設備

14. 重要證件、財務資料、文件適當的收納或寄存在銀行保險箱

15. 手電筒、備用電池、濃煙逃生袋／口罩、口哨存放在床邊易拿取處

16. 緊急避難包（如地震包／急診包）放在逃生時易拿取處

17. 有緊急鈴或對外求救設備

18. 對外逃生動線順暢（電梯以外的逃生梯），無擺放雜物或車輛阻礙逃生

19. 逃生出入口不因停電而無法打開

20. 地板／樓梯有高低落差處，有反光或發光標示，避免誤踩跌跤

《不依賴的老後》作者吉澤久子，是個百歲的獨居老人，她凡事都做最壞的打算，為此準備了兩個「急診包」，以防突發急病住院時使用，一個包包放睡衣、毛巾、內衣褲、盥洗用品、乳液、脣膏、梳子、面紙，另一個包包放碗、筷、茶杯、明信片、紙、筆、信封、印章等。此外，她認為突然發生災害時，絕對不可不知自己身陷何處，也要避免被破掉的玻璃割傷腳，因此，她在床邊放橡膠長靴及大型手電筒，以備不時之需。做這些準備，就是希望獨居的自己，預先準備好緊急應變措施，就能不依賴別人來解決生活上的各式問題。

緊急避難包

消防署列出緊急避難包必備 7 樣物品，分別為礦泉水（人體 72 小時內需飲水至少 3 公升，建議放入 1~2 瓶飲用水）、食物（成人每日需 500 大卡熱量，建議準備巧克力、餅乾等高熱量食物）、小毛毯／輕羽絨衣（防止受困時人體失溫）、急救／個人必備藥品、哨子、手電筒及電池、粗棉手套（防止割傷），至於其它次要物品，包括收音機、證件影本（緊急聯絡人資訊）、輕便型雨衣、禦寒衣物／暖暖包、面紙／毛巾、口罩、瑞士刀、現金、紙筆、備份鑰匙等。包包選亮色，須防水，越輕便越好（重量在 10 公斤內），定期檢查並更換過期物品。

請試著將 P.107 中每個可能風險與適當的避免做法畫線連起來。（答案在 P.108）。

每日一句

獨居並不是孤單，而是擁有獨立自主的生活空間與型態。

可能的風險	避免的做法

風險 1：被詐騙集團盯上

A: 擴大生活圈，培養多元興趣，活化大腦。

B: 不隨便將家中或自己的個資外流；對於不熟悉的人提出金錢或財物要求，拖延處理，必要時先報警查證。

風險 2：被搶

C: 外出活動時打扮簡單，減少貴重飾品；出入金融機構的時間不要固定，可學習運用數位服務。

風險 3：被感情騙子盯上

D: 認識新朋友多以團體活動為主，不在不熟悉的人或團體中，透露太多自己或是家人的訊息。

風險 4：急症發作

E: 固定做身體健康檢查，學會使用手機的緊急求助功能。

風險 5：摔倒

F: 妥善規劃家中的環境，外出時使用輔具，確保行動安全。

風險 6：失智症／憂鬱症

運用科技、輔具與服務提昇生活品質

想要讓自己更能獨立生活，可善用科技、輔具與服務來達成。

1.運用穿戴式科技或智慧型裝置，如計步、追蹤血壓與血糖、提醒服藥／用餐、預防走失、緊急呼救等。

2.運用生活輔具，例如使用輔助餐具讓用餐更輕鬆，用長柄取物夾拾取地上物品或拉高處的窗簾等。

3.學習運用手機應用程式，不用出門就能享受服務，或者讓出門更便利，如蝦皮等網購平台買生活用品、foodpanda 或 Uber Eats 外送美食、台灣大車隊無障礙計程車或關懷優步（UberASSIST）乘車服務（具備摺疊輪椅、拐杖、助行器等設施）等。除了可向年輕人請教怎麼使用外，社團法人中華民國銀髮健康照顧協會開設的「銀髮手機應用課」有相關的主題可供學習。

改善居家環境、預防獨居風險、準備好應變計畫、善用科技的輔具與服務，你是不是發現不依賴別人的生活，似乎也能過得安全、快樂而自在？

連連看答案
風險 1→B，風險 2→C，風險 3→D，風險 4→E，風險 5→F，風險 6→A

學習應付萬變

時代在改變、環境在改變,當你的生活也改變的時候,不要老「緬懷過去」,想要「再回到從前」,而是該認真思考如何應對,如何自我調適,開啟人生不同的樂章。

外在環境的改變

社會唯一不變的就是「變」,你同意嗎?離開職場後,若對世界的變化或時事開始不在意,久而久之,會漸漸跟大家的話題脫節。先來看看你有沒有感受到社會變化悄悄發生,以下各式職業你認識幾種?請在適當的格子打勾。

題目	沒聽過也不瞭解	聽過但不太瞭解	聽過且大概知道意涵	聽過且清楚意涵
1. 社群經理、臉書小編				
2. YouTuber、直播主				
3. 外送員				
4. 數位排毒專家				
5. 科技園丁				
6. 收費員				
7. 售票員				
8. 水電抄表員				

如果你熟悉的職業都落在後三項（6~8 項），你得加快腳步跟上時代，受到新科技的影響，這些重複例行性的工作，在未來的需求會減少，甚至消失，被自動化跟人工智慧給取代。

相信你經歷過從黑白電視到彩色電視的時代，經歷過電報、電話到手機的時代，該怎樣才不會被說落伍呢？收看新聞或趨勢報導，與不同領域的朋友聊天，到書店或便利商店翻閱雜誌，都是好方法。怎樣才可以讓這些變化成為生活的助力而非阻力呢？最關鍵的要素就是試著去瞭解它、接觸它，才有機會使用它、習慣它，甚至最後愛上它，使用智慧型手機就是最好的例子。

生活環境的改變

除了外在環境的改變，生活環境的改變可能對自己的衝擊更大。比起主動做出改變，當人們被迫改變時，適應能力明顯較差，但若你已做好最壞打算，假定自己最終會走到需要長期照顧這一步，而預先做好安排及規劃，你將不會感到那麼無奈和無助。你認為未來 5 年，你可能會受到哪個事件的影響，而需要改變生活環境？在以下可能發生的事件中打勾。

- 1. 想與親友同住或住近一點而搬遷
- 2. 家庭人數減少，需要換小一點的房子
- 3. 自己爬不動樓梯，需要換有電梯的房子
- 4. 不想麻煩親友，決定搬去安養機構
- 5. 配合親人工作或唸書地點改變而搬遷
- 6. 生病或失去同住親人，需要搬去與其他親友同住
- 7. 生病後需要照顧，暫時住進護理之家
- 8. 生病後需要長期照顧，住進長期照護中心

前四項是自己主動做出改變生活環境的決定，後面四項則是被迫改變。

生活環境改變的預先規劃可分為二個階段，第一是不需要被照顧的階段，第二是需要被照顧的階段，當第一階段規劃得好，生活支援網絡建立起來，就能減低進入第二階段的機會。

不需要被照顧時的規劃

除了與家人同住外，還有什麼選項呢？《一個人的老後》作者上野千鶴子，採用的方式是與其他四位單身男女友人，共組「新年家庭」，每年新年共享蕎麥麵和香檳，互道新年快樂。又或者像

電影《金盞花大酒店》，七位互不相識的英國退休老人，到印度的金盞花大酒店長期居住，重新展開生活、認識新朋友。

根據美國調查，90％以上的銀髮族希望在自己家中安老及自力照顧。波士頓燈塔山村有群退休人士和家屬發起互助式會員制組織，運用時間銀行的概念，會員可以提出服務需求，也可以提供志工服務，從幫忙照顧家中寵物，到更換家中的水電，透過社區的互助服務，賦予銀髮族照顧自己的能力。

英國倫敦有一個專門為實現 50 歲以上、女性共居社區而成立的非營利組織 OWCH（Older Women's Cohousing Community），他們所打造的 25 戶公寓社區，個人房及雙人房各有 11 間，還有 3 間三人房，其中 2/3 是私人租賃制（leasehold）。他們採「任務小組」分工制度來維持社區運作，住戶依據專長和興趣加入各小組，如財務管理、房間維護、花園照顧、洗衣間和公共區域維護等，為自治及互助的管理方式。

荷蘭的 Habion 透過翻新舊有建築打造「多功能高齡住宅」，設有餐廳、幼稚園等公共場所，自成一個和樂融融的小社區，溫馨的居家風格，格局與普通房子無異，但預留修改空間，以便日後有照護需要時，可以馬上加裝相關設施，加上荷蘭居家照顧業很成熟完善，在熟悉的家中就能安心終老，不必搬去養護機構。既能

夠保有獨立生活空間、又能自在地與鄰居互動相互支持，甚至不用擔心生病時無人照顧。

> **想想你偏好哪種不須與家人同住的方式：**

需要被照顧時的規劃

隨著不婚族、不生族越來越多，仰賴另一伴或子女照顧自己，是越來越不可靠的想法，必須及早規劃自己的「被照顧人生」比較實際。《不需要孩子照顧的死法》作者俵萠子，照顧媽媽直到最後，卻不想以照護之名剝奪子女的時間或要求子女犧牲，相信很多父母都能體會這種「雙重標準」。俵萠子不想讓孩子日後也承受同樣的苦，五年間走訪一百家照護養老機構，預先做好萬一的準備，透過「金錢契約」將自己交由專業人員照護。

試著做一下功課，找到你理想的照護養老機構。

面對生活改變的「調適三寶」

改變往往是一個人的壓力來源，例如住院、住進新房間或新機構，當自己熟悉的環境出現改變，會造成恐懼或是困惑的心境，介紹你「調適三寶」：在不熟悉中創造熟悉、正向思考、為生活常規

（routine）找到替代方案。

1. **在不熟悉中創造熟悉**：將房間擺設成和以前房間一樣的格局，在屬於自己的小天地中，會忘了已改變到新環境。可以播放熟悉的音樂、沿用以前的裝飾品和傢俱，等習慣新環境後，再逐步換成更適合現階段的用品。

2. **正向思考**：試著用正向思考面對這些改變，試著看到環境變化的好處，例如告訴自己「我有適應改變的能力」、「沒有熟人在身邊，正是認識新朋友的好機會」、「有專業人士可以照顧我，我應該要感到安心」。

3. **為生活常規找到替代方案**：每個人都有自己的生活常規，也就是你習慣每天、每週、每月固定要做的事，例如以前早上喜歡去公園運動，若到新環境沒有公園可運動，肯定會不習慣，可以在還沒有換到新環境前，先實地勘察新環境，思考好替代方案，例如改去附近的學校運動，或改用社區健身房，這樣才不會每到要做這件生活常規時，就產生怨念。當要轉換新環境前，想想看你有哪些生活常規及有什麼替代方案。

生活常規	替代方案

面對大環境的改變或生活上的改變，不需感到緊張，相信自己有適應改變的能力，回想這一生，你也經歷過許多的改變，不也是披荊斬棘、一路走來嗎？不需要「緬懷過去」，反而需要「超前部署」，若面臨需要改變的叉路口，能拿出早已思考好、準備好的應「變」計畫，能讓自己感到是主動做出決定，提升掌控感，也就不會感到害怕、無助了。

每日一句
生活是個吃軟怕硬的東西。你弱它就強，你強它就弱。

贈與、繼承、傳家寶

「鑽石恆久遠，一顆永流傳」，你有為你的家庭留下什麼傳家寶嗎？它可以是有形的東西、也可以是無形的東西。若是能換算成金錢價值，就需要注意贈與稅和遺產稅的問題，最好事先做好規畫，達到節稅的益處。

無形的傳家寶

曾有一個徵文比賽的題目為「我家的傳家寶」，得獎作品中，傳家寶有爺爺的口頭禪「有儉才有底」，也有外婆祖傳好口味，可見傳家寶不一定是指有形的東西，無形的東西也可以產生極大的影響力，代代相傳。常見的無形傳家寶有二類，第一類是價值觀，第二類是技藝。價值觀常以家訓的形式傳承，如諸葛亮的諸葛氏家訓「非淡泊無以明志，非寧靜無以致遠。」技藝傳承的影響力也不可小覷，有些傳統手工藝就被聯合國教科文組織列入非物質文化遺產。

盤點自己有多少寶貝

許多人有收藏的習慣，收藏分成三種，第一種是價值型收藏，例如名錶、金飾；第二種是興趣型收藏，例如集郵；第三種是回憶型收藏，可能是每次旅行的紀念品，可能是家庭成員成長歷程的照片，也可能是對自己意義非凡的獎狀獎盃，相信各式各樣、五花八門的收藏對主人而言，都充滿感情、極其珍貴。

但你有沒有想過，這些寶貝生不帶來、死不帶去，萬一你離開人世，它們何去何從呢？如果不事先做好安排，興趣型和回憶型的收藏最可能的下場就是當成垃圾被丟掉。因此，退休後的第三人生，應該把錢花在服務性質的項目上，例如學習、旅行、按摩，而不是物品上，對於已有的收藏品，建議盤點一下，並思考何種方式是這些收藏品未來最好的出路。

興趣型的收藏，傳給子女有時不見得是最好的選擇，若贈送給同好，比較可能被繼續當成寶貝來呵護，若想看看被送走的收藏時，可以約同好一起欣賞，兼具知性和社交功能，自己保留一箱就好，想看的時候隨時可看。不妨利用下表來做興趣型收藏的贈與規畫。

收藏	內容	贈與對象	贈與原因
黑膠唱片	英文老歌	懷舊咖啡館老闆	咖啡館有黑膠唱片播放機，也可讓更多人欣賞

回憶型的收藏，傳給子孫比較有意義，但如果數量太多，也會對子孫造成困擾，建議只挑 1~2 件來流傳即可，例如家譜、家族大合照，但若子孫與這件傳家寶沒有情感連結，久而久之，他們就不再覺得這件物品有什麼價值，因此說出傳家寶的故事是重要的，這樣才有可能流傳下去。

寫下你會挑哪件收藏作為傳家寶：

這件傳家寶的故事是什麼：

資產和價值型收藏該贈與還是繼承？

以資產和價值型收藏來傳承給下一代，需要注意相關法律規定。財產到底生前移轉還是死後繼承比較划得來？遺產稅和贈與稅表面上看起來稅率都在 10~20% 間，但二者納稅義務人和免稅額的規定不同，遺產稅是子女（繼承人）繳，贈與稅是父母（贈與人）繳，遺產稅免稅額為新台幣 1200 萬元，父母對子女的贈與稅每人每年有 220 萬的免稅額。因此，可將資產控制在較低稅率的淨額內，其他資產透過贈與的方式逐年移轉給子女，降低未來可能的遺產稅，來達到節稅的效果。

遺產淨額	稅率	贈與淨額	稅率
5000 萬元以下	10%	2500 萬元以下	10%
超過 5000 萬元 ~1 億元	15%	超過 2500 萬元 ~5000 萬元	15%
超過 1 億元	20%	超過 5000 萬元	20%

有些人可能會擔心，如果子女不孝怎麼辦？民法第 416 條規定，「受贈人若有故意侵害之行為或有扶養義務而不履行者，贈與人可以撤銷贈與，但必須在一年內行使撤銷權。」因此除了保留一些資產供自己生活所需外，在免稅額內逐年贈與，一來可以節稅，二來也可以觀察子女的反應，決定要停止還是繼續贈與。

你可以利用 P.122 的表格，將各類型會被課遺產稅的資產項目列出來，並估算現金價值，來思考用贈與方式還是用繼承方式最有利。須注意的是，如果你收藏的寶貝價值較高，例如名畫、名車，會被換算成市值而納入遺產稅課稅範圍；也有人覺得金條、金飾很容易贈與他人而不易被察覺，其實只要購買時有交易記錄（例如發票），國稅局還是追查得到；另外，保單需不需要納入遺產稅？保險法第 112 條規定，保險金額約定於被保險人死亡時給付於其所指定之受益人者，其金額不得作為被保險人之遺產，也就

贈與／繼承規劃表

類型	財產項目	估算現金價值	贈與對象	繼承人
1. 儲蓄				
2. 保險				
3. 債券				
4. 房地產				
5. 黃金				
6. 基金				
7. 股票				
8. 外匯				
9. 期貨				
10. 收藏				
估計財產總額				

是說，非以人壽作為保險標的之投資型保單、儲蓄保單是要納入遺產的。

如果沒有子女，這些資產又該如何傳承呢？越來越多人選擇過世後捐贈給與自己有淵源的社團法人、財團法人或宗教團體，來造福社會其他人。

房地產怎樣給子女，才不會多繳稅？

傳統的觀念是要把房地產傳承給小孩，比較房子生前買賣、生前贈與、死後繼承所須繳的各種稅，似乎遺產稅比較划得來，但105年房地合一稅實施後，這種做法可能是留炸彈給子女，因為買賣、受贈、繼承不動產，只要有賺錢，報稅時土地用公告現值、房屋用扣稅評定現值計算，與一般人慣用市價計算的思維相差很大，魔鬼藏在細節裡，未曾試算過很難下定論，建議上內政部不動產資訊平台合法業者網站，找開業的估價師和地政士試算一下。

推薦網站
內政部不動產資訊平台合法業者網址為

有個案例是父親買 3000 萬的房子，公告現值約 1300 萬，頭期款 500 萬，貸款 2500 萬，每月貸款約 10 萬，兒子繼承後無法負擔貸款，用市價 3000 萬賣出房子。該房子賣出實價登錄是 3000 萬，

比較	生前買賣	生前贈與	死後繼承
契稅	房屋評定標準價 6%	房屋評定標準價 6%	無
印花稅	契稅金額 1%	契稅金額 1%	無
土地增值稅	可適用一生一次自用住宅稅率 10%	一般稅率 20~40%	無
贈與稅	無	稅率 10~20%(父母每人每年 220 萬免稅額)	無
遺產稅	二年內繼承不必併入遺產課稅	二年內繼承必須併入遺產課稅	稅率 10~20%(免稅額 1200 萬)

房屋持有時間	稅率
1 年內	45%
1 年以上 ~2 年之內	35%
2 年以上 ~10 年內	25%
10 年以上	15%

公告現值 1300 萬，國稅局認定兒子獲利 1700 萬，由於兒子持有房屋未滿 2 年，按上表適用 35% 的稅率，國稅局課繳 595 萬 (1700 萬 ×35%)。因此繼承後短期賣屋，可能會倒賠。

如果不採繼承，改採贈與，善用父母每人每年 220 萬免稅額，先贈與子女現金，再用市價將房子賣給子女，以 1000 萬的房子為例，夫妻二人每年贈與免稅額為 440 萬，只要不到 3 年，子女就可用這筆錢購入這房子，之後再賣掉就沒有房地合一稅的問題。

必須注意的是，過世前 2 年內的贈與仍要繳遺產稅，規劃方法如果錯誤，所造成的損失甚是可觀。有個案例是一位大股東，把 20 萬股贈與給兒子，當時淨值 25 元，等於 500 萬，當時贈與稅被課 30 多萬元，大股東過世時，每股市價來到 700 元，價值 1.4 億元（700 元 ×20 萬股），遺產稅僅能扣除已納贈與稅和加計的利息。如果當時大股東直接贈與 500 萬，兒子再買 20 萬股，併入遺產的金額僅為 500 萬元，而不是 1.4 億元。

所以傳統觀念要與時俱進，才不會讓自己辛苦賺的錢被政府課稅課走了。事先做好規劃與安排，可以讓你的收藏得到呵護，讓你的資產得以傳承，讓你的下一代獲得保障。

每日一句
說說傳家寶的故事，建立傳家寶與子孫的情感連結。

愛情——
不是年輕人的專利

「執子之手，與子偕老」這句話常被我們形容愛情的永恆，希望能與你攜手直到白頭。現在一般人平均壽命越來越長（約84歲），能與伴侶一起終老，是一件非常美麗且幸福的事情，然而更常碰到的狀況是，因為伴侶過世而不得不回到單身狀態。因此，現代意義上的「老伴」，不再侷限於婚姻關係中結為連理的二人，也包含兩個單身的人卻能相互關愛、相互照顧、相伴到老的夥伴關係。

美國生物人類學家海倫費雪（Helen Fisher）指出，當一個人談戀愛時，大腦會釋放出多巴胺（Dopamine），有助於你提神醒腦、減緩疼痛、增強體能，讓你對人生充滿希望、正面、樂觀等許多好處。所以，無論如何，都不應該讓年齡侷限戀愛的可能，應該勇敢接受愛情、品味愛情、享受生活。

老夫老妻的愛情保鮮劑

愛情不需刻骨銘心，夫妻在老後還能常伴左右，就是一件非常幸福的事。很多人會覺得老夫老妻之間，經過多年柴米油鹽醬醋茶的消磨，愛情的滋味漸漸消失，只剩下平淡無奇的「過日子」。要如何在多年的婚姻關係中適時營造愛情的感覺呢？以下提供七個方法讓你的愛情不僅可以回溫，還可以保鮮。

1. **培養共同的興趣**：包括共同學習、共同運動、共同參加社交活動、共同的社交圈。

2. **保有好奇心**：主動關心另一半今天做了什麼？有沒有什麼趣事？保有一顆好奇的心，會比較容易有話題可以聊。（是好奇心，不是疑心喔！）

3. **開放的心胸**：人們比較容易接受不相干人給自己建議，對於親近的家人反而就像刺蝟一樣，聽不進去，其實最親近的人才是最愛你的人。

4. **一起築夢**：和另一半一起建構夢想、一起去實踐它。例如夢想當個快樂農夫，找一塊地或是在家中陽台種植花草；又例如夢想環遊世界，可以和老伴安排每年一次的旅行。

5. **安排自己獨處時光**：屬於自己的獨處時光是很重要的，可以讓自己心情沉澱，同時也讓對方有喘息的空間。佈置屬於自己的獨處角落，可以是家裡的書房、臥室、或是陽台，在這裡愜意的看一本書、讀一篇文章、聽一首曲子，享受自己覺得最舒服的氛圍。

6. **擁有各自的社交圈**：除了共同的社交圈，也應該保有各自的社

交圈，這樣才容易在倆人之間注入新鮮話題。

7.良好睡眠及正常飲食：這能提供一整天的活力及營養，若有好的睡眠及正常飲食，身體健康外，心情也會比較穩定。

以上七個方法以你最容易採用到最不容易採用來排序，高到低如何排列呢？把方法的編號填到以下方框中。不妨先從最容易採用的三個方法做起，來為兩人的感情加溫。

最容易採用　　　　　　　　　　　　　　　　　　最不容易採用

☐　☐　☐　☐　☐　☐　☐

臨老入花叢

美國的一項調查顯示，55 歲以上的已婚者外遇的機率大於年輕人，大約差了 10%，而外遇的高峰則是落在 60-69 歲，為什麼會這樣呢？以下四種狀況，勾勾看你有沒有這樣的情形。

☐1.退休後夫妻面對面的時間變多了，兩個人在家裡很容易為了小事而爭吵，甚至鬧到不可開交。

☐2.小孩長大外出工作或在國外生活，進入空巢期，得開始面對

強烈的寂寞與孤獨感。

☐ 3. 夫妻個性原本就不同,一方選擇宅在家裡,另一方選擇積極
　　 向外認識新朋友。

☐ 4. 兩人成長不同調,對婚姻的期待也開始不同。

如果勾勾越多,越需要注意,要多用愛情保鮮劑的七個方法,來
維繫夫妻感情。若這些努力不幸失敗,婚姻專家曾說:「兩人在
一起最怕無話可說,卻還捨不得離婚。」面對兩人間產生分歧、
冷漠、無趣,又該如何解決及自處呢?關係處理有三步曲:

一、釋出善意:先靜下心來想,兩人的情意還在嗎?婚姻是否還
可以走下去?若答案是肯定的,請你收斂自己的王子病或是公主
病,主動和對方釋出善意;若對方已經向你釋出善意,請開心的
接受,不要再鬧脾氣,讓兩人重新建立彼此信任感,重新找回你
們愛情的初心。

二、保持距離:有一種新型態的親密關係,歐美稱之為「感情
在一起,但不住在一起」(LAT, Living Apart Together);
日本則稱為「卒婚」,意旨從結婚畢業,重新整理兩人關係,
選擇分別追求自己的道路,日本電影《退而不休》(Life in

Overtime, 2018）描述退休夫婦因相處問題而選擇「卒婚」，碰面時反而有年輕時約會的悸動，更能互相體諒、彼此珍惜。

三、勇敢放手：放手等於給自己、也給對方自由。若因為某些因素（例如擔心生病、年老沒有人照顧）而不願意放手，強留對方的婚姻品質其實是不會好的。

新名詞解釋

LAT（Living Apart Together）感情在一起，但不住在一起：兩個人在情感上相互關心、相互依賴，卻選擇不住在一起，彼此仍保持自己的私有時間及空間。除了可以維持原本的生活習慣與生活方式，仍有伴侶可以互相慰藉和陪伴，兩方皆可保有一定程度的生活主導性，有助於讓關係更加自在及穩定。

重返愛情之路

離婚或喪偶的單身銀髮族，容易被傳統道德觀念束縛，怕被議論而壓抑戀愛需求，即便遇到相知相惜的對象，也因怕子女反對而被迫放棄。法國哲學教授妙莉葉・芭貝里（Muriel Barbery）暢銷小說改編的電影《刺蝟的優雅》（L'élégance du hérisson），故事描寫黃昏之愛需要勇氣，更要即時。上了年紀的人同樣有「愛人」與「被愛」的渴望，當愛情再度來敲門時，你準備好了嗎？

子女反對的原因，不外乎難以接受新爸爸或新媽媽，也怕爸媽的

再婚對象另有所圖，影響到子女財產繼承權益，擔心會增加孝親撫養的負擔。面對這些擔憂與誤解，可以採漸進式的方式慢慢和子女溝通，將新朋友介紹給子女，讓子女們可以瞭解對方是什麼樣的人，來降低子女的疑慮。

當愛情來的時候，也不用急著以結婚為前提和對方交往，「感情在一起，但不住在一起」也是可以考慮的選項，你可以利用下圖來檢視，自己適合用哪種方式維持新關係。

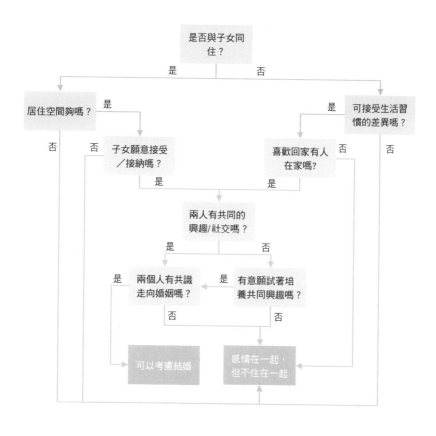

你的感情需求問題不應被輕忽，人人都有追求幸福的權利。倘若真能遇到聊得來且可以互相照顧、扶持的對象，多主動與子女或親友討論，正向溝通不僅可以讓大家瞭解你的感情狀況，也比較容易得到大家的認可，感情受到支持才會圓滿。誰都希望自己的感情是被祝福的，對吧？

每日一句
愛情不是年輕人的專利，不管是誰，都可以擁有愛情。

朋友關係檢測

你有幾個好朋友呢？而好朋友的定義又是如何呢？會不會我們覺得對方是好朋友，而對方卻沒有這樣想呢？有知心好友跟我們說說話、一起出去玩，可以讓我們的生活變得多采多姿，讓我們一起來檢視一下自己的朋友關係。

為什麼我們需要朋友？

你曾經感到孤獨嗎？有這種感覺的頻率有多高？如果有朋友，可以大大降低孤獨感。人生在世，不太可能離開群體生活，朋友是僅次於家人的重要人際關係，很多人因為朋友關係好，而生活滿意度大大提高呢！朋友可以跟我們一起笑、一起哭、讓我們的生活更加豐富，但到底怎樣才算是朋友呢？

一般來說，朋友分四個層級：
第一層級：點頭之交。僅止於點頭之交，你知道他，他也認得出你，但是僅止於簡單打招呼與客套性的對話。

第二層級：功能之交。進一步可以聊聊不敏感的事，或是需要交換意見的議題，談話的話題大多是有明確目的性的。

第三層級：談心之交。可以深入交談，聊聊彼此對於生活、家庭、公眾議題的一些想法，但是比較隱私的事不會談。

第四層級：知心之交。無論開心或悲傷，你都可以與他述說心裡的感受，一起出遊時，即使雙方不說話也能自在舒適地享受彼此的陪伴。

思考一下最近有聯絡的朋友，檢測一下這四類的朋友你有幾個呢？

層級	有誰呢？	總數
第一層級：點頭之交		
第二層級：功能之交		
第三層級：談心之交		
第四層級：知心之交		

研究調查

當代心理學網站（www.psychologytoday.com）於 2019 年發表的〈成年人到底需要多少朋友？〉裡面說到，人們需要親密朋友的數量「在三到五個之間」。該項研究是針對 30 歲到 70 歲的成年人，發現擁有四、五個朋友的成年人的生活滿意度最高，而那些有三個親密朋友的人也差不了多少；如果被人認為是最好的朋友，在生活中享受的滿足感明顯高於那些沒有朋友的人。這驗證了人們常說的「人生有三五知己足矣」。

交朋友的心態

大家都知道朋友的重要性，有人將朋友關係比喻成玻璃杯，不小心就容易打碎，若無法放開心胸，常會導致關係無法持續，追究其原因有兩大類：

1. 個性差異

每個人因為成長環境與人生境遇的不同，而有各自不同的個性和好惡，即使我們是年長者或是資深前輩，都不應該仗勢自己的身分與資歷，以「我吃過的鹽，比你吃過的飯還多」的態度來面對他人，應有自覺地提醒自己敞開心胸接受各種可能，與他人互動時也不要端出長輩的架子，越真心、越平等的相處，才能獲得真實的關心與尊敬。

2. 互動方式

人是習慣的動物，當我們習慣於從小到大的互動模式，便很難體貼他人的反應與感受。常見的互動模式有二，一種是不知道如何互動，總是躲在角落被動等待；一種是主導性強，表達意見強烈。兩種方式都過於極端，建議可以讓兩者平衡，並反思自己喜歡怎樣的互動模式，觀察他人反應再做調整。重新理解互動的分寸拿捏，也就能掌握「關心」與「探問隱私」的差別感受，讓雙方都能在互動之中獲得溫暖。

怎樣的朋友一定要擁有？

因為朋友扮演著僅次家人的重要性，隨著年紀增長，經歷很多事情的變化，我們漸漸會判別哪些是真正的朋友，以下這五種朋友要好好珍惜並深交，同時也請一起確認自己是不是也擁有以下這五種特質呢？

1. 真誠陪伴的朋友

家人有時各自有自己忙碌的事情，朋友就是最好的陪伴，一定要有一兩個朋友和自己個性相似能交談陪伴，或是個性互補能相互包容忍讓，重要的是彼此真心誠意，相處起來就不累。

2. 做事實在的朋友

做事實在的朋友通常心思單純善良，在你慌張無助的時候，能幫你把狀況釐清、把問題排除，解決你真正煩心的事情。而這樣的朋友也相對容易滿足、不求回報。深入交往一兩個實在的朋友，能讓人感到舒服、踏實。

3. 懂你的朋友

人生知己難尋，如果能找到一個兩個懂你的人，知道你在乎什麼、喜歡和不喜歡什麼，還能在旁支持你、欣賞你，真的是人生一大樂事。

4. 幽默風趣的朋友

生活總有喜怒哀樂，幽默風趣的人能讓你忘掉煩惱、開懷大笑，研究顯示每日一大笑對身體、心理都是最健康的良藥，有這樣的朋友，就是一帖生活特「笑」藥。

5. 充滿正能量的朋友

正能量是一種很特別的特質，不容易養成，若你有一兩個這樣的朋友，他所傳遞的樂觀、正向能量，可以讓你在心情低落的時候給你鼓勵，在你迷茫的時候給你指導，他會是你失望沮喪時的指引，激發正向思考面對一時的不順遂。

讓我們一起來盤點朋友的類型吧！試著列出朋友的名字，能夠有這五種朋友，是很好福氣，記得不要因為一時不愉快，而失去了這樣的好朋友。如果發現缺乏某類的朋友，建議花些時間去認識一下，會讓你的生命更加精采豐富。

題目	無	有	姓名
1. 真誠陪伴的朋友。			
2. 做事真實的朋友。			
3. 懂你的朋友。			
4. 幽默風趣的朋友。			
5. 充滿正能量的朋友。			

有哪些擴展人際關係的管道？

常聽到有人說：「朋友還是老的好」，那是因為交往很久的朋友，雙方已經有許多熟悉的默契，也知道對方個性，甚至每一個動作的意義。有時老朋友就像家人一樣，所以身旁有老朋友是很幸運的。

隨著時間漸漸流逝，有時認識多年無所不談的朋友，可能因為身體狀況或距離因素而漸漸疏遠；多與不同領域的人接觸，在不同範圍上廣泛交往，不同的朋友就可以扮演不同的角色與功能。

有些人不喜歡也不輕易跟別人互動，這樣其實對身心靈是有害的。要如何擴大自己的交友圈呢？可以先從生活週遭開始。

1. **社區／鄰里的活動：**「遠親不如近鄰」，鄰居是優先可以建立關係的對象，因為地緣關係，若真的需要討論交流、解決問題或尋求協助，都可以第一時間找到人。通常住家附近都會有活動中心，鄰里也會舉辦活動，建議可以依自己時間定期參加，如一個月一次或是一季一次參加鄰里聚會或是戶外郊遊活動。

2. **志工或宗教團體：**一般來說參加特定單位的志工或是參加宗教相關活動，很容易建立朋友關係，因為大家有共同理念，進而產生團體歸屬感。像有人在孩子小時候擔任學校志工，一做就

是十幾二十年，不只認識很多老師，也認識其他志工媽媽。醫院、公益團體也很容易碰到心地善良、樂於助人的朋友。若個人有信仰宗教，投入宗教活動及服務也是不錯的方式。

3. **學習型團體或講座**：你對哪些主題的學習有興趣呢？參加這類學習團體或講座活動的人會是與你有相同興趣的夥伴，例如社團法人中華民國銀髮健康照顧協會經常舉辦手機應用相關課程，在這些場合除了可以建立友誼關係外，還可以接觸到該主題的新知，是兼具知識性與社交性的地方。

你有沒有參加這樣的團體呢？若沒有，要趕緊加入，擴大自己的生活圈與交友圈，任何時候都不嫌遲。

新型態交友─網路社群媒體

前面談到的交友方式，指的是實體的人際接觸，因為面對面最容易進行人際交流，而見面後，可以透過各式各樣的社群媒體（如Line、Facebook）維繫關係。但，網路社群真可以建立並維繫人際關係嗎？

多數人在社群媒體上都是放比較正向樂觀、出遊、新奇的訊息，例如哪裡有好吃的餐廳，若是想做這類的交流，社群媒體即可滿足，然而生活上還需要有深度的交流，這些交流可能是討論價值

觀、商量遇到的困境要如何解決，由於對話比較深入，面對面溝通效果最好，即便與朋友的想法沒有交集，但是在面對面的情況下，雙方較能包容跟同理對方的想法。

研究調查

英國牛津大學演化心理學家鄧巴（Robin Dunbar）於 2016 年，在「皇家公開科學學會」（Royal Society Open Science）期刊發表一項研究，該研究針對 2000 名自稱經常使用社群媒體的成年人，調查其臉書好友數，然後再詢問他們當中有多少人可視為親密朋友（核心朋友），多少人是自己有情緒壓力時會去尋求建議與安慰的朋友（支持圈）。結果發現，大多數人只會有 5 名密友、15 名親近朋友、50 名普通朋友及 150 名認識的人，其中女性的交友圈又會比男性大，年輕族群（18 ～ 24 歲）的交友圈會明顯比年長族群（55 歲以上）大。

此外，社群媒體也容易有許多誘惑或詐騙，不建議在網路社群媒體輕易建立新的關係，與朋友交往一般建議還是要實體見面，認識後，再運用社群媒體作為保持關係、簡單問候的輔助。

每日一句

人生有三五知己足矣。

不完美
才是最完美的安排

個性無論好與壞，都是自己的一部分，它們都是有意義、有影響力的。也許不是每個人都喜歡我們的某一部分，但因為有這樣的不完美，我們才能有更多的機會，透過截長補短學習與別人相處。

人生三大護航艦

有人說夫妻、親人、朋友是人生三大護航艦，彼此可以相互依靠、依賴，這三種角色要真正發揮護航作用，一定是雙方相處得來、願意為對方付出、彼此照顧。三種角色中，朋友的數量有無限想像空間，「老友」或「好友」不但能與你有心靈的交流，也能帶來良性的生理反應，許多研究發現交朋友至少有五大生理上的好處，包括不易生病、睡得更香、記憶力更好、更聰明、更長壽。

研究調查

美國楊百翰大學一項涉及 30 萬人的研究證實，一個人如果沒有朋友、與他人關係疏離，對健康的危害等同於每天抽 15 根菸。美國加州大學一項針對 60 歲以上老人的調查發現，沒有朋友、常感孤獨的人壽命會減少 6 年。相反的，澳大利亞弗林德斯大學研究發現，與 5 位以上親密朋友一直保持接觸的老人，死亡率降低 22%，平均延壽 7 年。另一項研究發現，有固定朋友的人健康生活的機率高出 50%。

你在選擇朋友時，想找什麼樣的對象呢？有的人喜歡和自己一樣的人，也有人喜歡和自己完全相反的人，到底是「個性相似」還是「個性互補」的兩人，容易成為好友呢？首先要思考一下你的個性有什麼優點和缺點，試著在下表中各寫三個，這樣才能判斷對方跟你的個性是相似還是互補，你也可以問問這些親友，在他們眼中的你，有什麼優缺點。

個性優點／長處	個性缺點／短處

親友個性是相似的好

社會心理學家西奧多‧紐科姆（Theodore Mead Newcomb）進行過一項實驗，結果發現性格特徵相似的學生彼此更友善，容易成為好友；而那些特徵相異的學生，即使天天生活在同一個屋簷下，依舊難以相互喜歡並建立友誼。就好比當一個人說自己喜歡喝咖啡，另一個人卻表示自己不喝咖啡，二人間就容易產生距離；一個愛好登山的人，自然是容易和登山客成為朋友，而不是鍾愛潛水的人。

成語「知音之交」的故事是，俞伯牙在江邊彈琴，巧遇鐘子期，伯牙不管彈什麼，子期都能聽出伯牙想要表達的意思，倆人便成為知音之交。當雙方在心理上感知到彼此的相似性時，會縮小心理距離，使交往更加輕鬆和自在，與自己年齡相仿會更容易有共通話題，背景相似更有好感，愛好相似更有交集，地位相似更加對等。

親友個性是互補的好

既然人因為相似所以互相吸引，為什麼卻有人主張親友個性是互補的好？在周遭親友中不難發現，相愛到白頭的夫妻中，往往一方內向、另一方外向，就像愛講話的人需要聽眾，個性相反的兩人，就像磁鐵正負兩極，也會互相吸引。

歷史上不乏朋友間互補創造非凡成就的例子。天文學家第谷・布拉赫（Tycho Brahe）有傑出的觀察力，經過日積月累得到大量天文觀察資料，他的助手約翰尼斯・克卜勒（Johannes Kepler），雖然觀察能力不及第谷，但理論分析和數學計算才能卻非常突出，造就出「克卜勒行星運行三大定律」。微軟創辦人比爾・蓋茲（Bill Gates），興趣是在軟體開發而非管理上，他找大學同學史蒂芬・安東尼・巴爾默（Steve Anthony Ballmer）出任執行長，負責公司運營管理，巴爾默恰恰對管理工作充滿熱情與自信，倆人間形成了很好的互補，共同締造了微軟帝國的神話。

盤點一下，你親友的個性如何？看看他們是與自己相似還是互補？這樣的個性對你有什麼影響或幫助？例如朋友的個性像急驚風，自己個性則是慢郎中，當需要快速處理事情時，可以請朋友出馬，就可以彌補自己動作慢的缺點。

好友個性盤點表

親友姓名	個性	影響／幫助	相似／互補
			□／□
			□／□
			□／□

（表格不足可自行延伸）

從上表的盤點結果，你有什麼發現？

包容彼此就能取長補短

從相似與互補的面向，可以將不同個性的親友分為兩種類型，如俞伯牙與鍾子期，兩人有相同的價值觀，得意時分享喜悅，失意時分擔憂愁，能夠得到真正的理解和認可，屬於「交心型」；另一種就如比爾‧蓋茨與巴爾默，儘管擅長與喜歡的面向不同，但

仍能相互合作，創造出非凡成就，可稱之為「功能型」。這兩種朋友，你都需要，如果你只與相似的親友往來，代表你活在同溫層裡，為自己的社交圈設下隱形的框框，你需要擴大與不同個性的人交往。

「相似性原則」告訴我們，人們通常會對與自己相似的人產生好感，是否這與「互補性原則」相悖呢？它們並不矛盾，因為「互補性原則」有一個重要的前提，就是差異的雙方能夠在交往中彼此欣賞，取長補短，獲得一定程度的滿足感，如果不具備這樣的條件，性情相異的雙方並不能夠產生互補效應，甚至還會產生厭惡和排斥。

因此，尊重差異、接納分歧的包容力就成為關鍵。包容就是尊重對方跟自己不一樣的想法或做法，想想自己或許能從對方的這項個性特質，得到幫助或正面影響，你會發現有長有短才有趣，親友的多元性，能豐富你的人生經驗。

每日一句
優點是很好接受的，而能包容對方的缺點更可貴。

溝通練習

要享受樂齡生活，朋友扮演重要的角色，你可以跟老朋友維持密切關係，或是積極參加社團拓展朋友圈，讓自己的生活多采多姿。廣結善緣不僅可以增長見識、活化自己的心智，更重要的是讓自己不會感到孤單，而溝通能力無論在開啟新的社交圈或是維繫現有社交圈都是一個很重要的技能及潤滑劑。

溝通在社交活動中扮演的角色

當你從職場退休之後，社交圈會一下子萎縮，生活也會失去重心，因此建議不但要努力維持原有的社交圈，還要拓展新的社交圈，結交新知。你的溝通習慣對建立或維繫社交圈是加分還是減分呢？來測測看你是否有以下習慣，若有請打勾。

1. 在社交場合對人冷漠，給人家不易打開心房、不容易靠近的感覺

2. 習慣以打聽隱私開啟對話，譬如子孫成就、經濟狀況、婚姻、政治、宗教

3. 以自己的經驗來解釋所談論的話題，無法聽入不同的見解

4. 抱著刻板印象及偏見來解讀別人

5. 自顧自的談論過去的功成名就，對他人完全不好奇，也漠不關心

6. 在聊天時，以自我為中心，不顧慮別人的感受

7. 在社交場合自己滑手機，對於周遭的話題皆不感興趣

8. 等不及別人把話說完，就急著插話，或是又開話題

9. 耳力退化，聽不清楚別人說話，索性就不聽了，把自己孤立起來

其實這些行為，都是社交圈中不受歡迎的表現。第 1、2 題與開啟社交圈有關。對人冷漠是因為害羞嗎？還是因為不知道如何找話題切入呢？若是生性害羞，害怕與陌生人對談，那麼就試試眼神接觸，主動給對方笑容，就可以拉近彼此距離；話題不足也常常困擾許多人，建議可以準備幾個比較安全的口袋話題，如天氣、旅遊、餐廳、最近看過的電影或是書籍，與隱私或立場有關的話題，容易讓對方感到不舒服而產生防衛。

第 3 至 6 題與維繫社交圈有關，換位思考一下，你喜歡與固執的人聊天還是心態開放的人聊天？聽不進不同的意見、帶著偏見看事情、只在意自己的人，是不會受到歡迎的。此外，表達自身觀點和立場時，要考慮別人的感受。曾經有位吃素的朋友，在大家吃飯時聊起他吃素的原因是「據說吃肉的人都會下地獄」，語畢，用餐氣氛也瞬間冷卻。建議多關注別人的反應，幫助察覺自己的表達是否恰當，在講完自己的想法後，問問別人「你覺得呢」，讓對方感覺到你重視他的意見。

第 7 至 9 題的外顯行為也會使自己變得不受歡迎。滑手機釋放出來的訊息是「我不想參與討論」，急著插話或是叉開話題，釋放出來的訊息是「聽我說，我講的比較重要」，建議在插話之前可以先說「你說的這件事情，我聯想到 X X X，讓我插一下話，我怕我等一下忘記」。若是因為耳朵聽不見，寧可請對方說話大聲

點、速度慢一點，也不要光憑猜想，導致後面引起誤會。

不是有「溝」就會「通」

溝通每天都在做，需要特別學習嗎？溝通技巧和運動一樣，不鍛鍊是會荒廢的。溝通分為語言溝通（包含口語溝通及文字溝通）和非語言溝通（包含表情、手勢、眼神、動作、語調等），語言溝通可搭配非語言溝通，像是去國外玩的時候，萬一語言不通，比手劃腳有時也能讓對方瞭解。

沒有説出口的「訊息」

研究發現身體語言占溝通效果的 55％，語調則是有 38%，而說話的內容只占 7％，由此可見，非語言溝通占有多麼舉足輕重的地位。人在無意識中，身體語言就已經釋放了自己內心深處的訊息給對方，例如從眼神看出你是否聽懂他說的話，雙手抱胸及身體向後可能代表你對他所說的話有所防衛；要體會語調的影響，可以找朋友一起來做下面這個練習，請他唸六次「我沒說你偷錢」，將重音依序放在不同的字上面，每聽完一遍，就寫下你的感受。

發現了嗎？同樣的內容，不同的音調，會創造不一樣的感受。很多人在吵架時，會越吵越大聲，吵到後來根本忘記在吵什麼，只記得對方「口氣很不好」，怎樣讓自己有「好口氣」呢？練習語調放柔和些，對溝通的成效才有幫助。

語調練習	請寫下你聽到這句話的感受
重音放在第一個字： **我**沒說你偷錢	不是我說的喔！我沒有說喔！ （但可能是別人說的）
重音放在第二個字： 我**沒**說你偷錢	
重音放在第三個字： 我沒**說**你偷錢	
重音放在第四個字： 我沒說**你**偷錢	
重音放在第五個字： 我沒說你**偷**錢	
重音放在第六個字： 我沒說你偷**錢**	

正向語言溝通的能量

和樂觀的人或是悲觀的人聊天，哪一個能帶給你快樂？說話時常常從正向的角度出發，比較容易受到大家喜愛；經常肯定別人，不僅讓對方覺得開心，更可以改善自己的人際關係，吸引更多人與你聊天。來試試看，如何將以下否定句改為肯定句？

	否定句	肯定句
1	事情不是這樣的，你聽我說	你說的也有道理，我也想跟你分享我的看法
2	講難聽一點……	
3	你不懂啦！你懂還是我懂……	
4	你都不聽我的話，你要聽我的	
5	那是不可能的，別想太多	
6	我身體不好走不動了，你們去就好	
7	我老了！不要再叫我去上課	
8	年輕人才會用手機，我學不來	

除了多用正面語言表達外，保持幽默感也會為溝通的效果大大加分，曾經有位朋友使用溝通軟體的語音留言功能，大家紛紛稱讚他「好厲害、會使用新功能」，他卻幽幽地說：「因為我台灣『狗』語啦！用講的都選錯我講的字，只好學語音留言的功能」，配合他可愛的表情，大家被逗得笑翻。年輕人其實很願意跟幽默風趣又有智慧的長者聊天，但要注意，有些話在我們看來是關懷，但對年輕人而言，卻是不討喜的話題（參見 P.158），要小心避免。

溝通能力不好，不僅會與外界聯絡上帶來阻礙，更進一步影響人際關係，反之，溝通能力好可以幫助你與他人相互瞭解，促進更緊密的關係。溝通是需要練習的，才能讓自己成為社交圈中受歡迎的人物喔！

每日一句
幽默風趣、充滿智慧的人較有活力，情緒也比較健康，受大家歡迎。

網路調查

現在年輕人碰到長輩，最想閃避十大話題依序排名為：

1. 什麼時候結婚啊？

2. 有沒有男朋友／女朋友啊？

3. 你現在薪水多少？

4. 今年年終獎金發多少？

5. 研究所考得如何？

6. 你買房子了嗎？什麼時候要買房子？

7. 什麼時候要生孩子啊？什麼時候生第二胎？

8. 在做什麼工作？這個工作好嗎？

9. 你小孩現在書讀得如何？都考第幾名？念什麼學校？

10. 你記得我是誰嗎？

肯定自我，
　　自我肯定

誰說好漢不提當年勇？凡走過必留下足跡，我的光榮歷史，也是我生命的一部分。生活閱歷越多、見識越廣、心也能越寬，行與不行就在一念間，肯定自己每天做到當下能做到的事，那就是最棒的自己。

「我沒有用」是學來的，不是因為老了

小時候，大人說「爬高會危險」或是說「跑太快會跌倒」，當年紀漸長，成了所謂的「老人家」時，又再次接收到各種禁令：「不要這樣、不要那樣」、「你怎麼老是說不聽？」除了身邊的人會這樣耳提面命，有時聽久了好像也會告訴自己「年紀大了，不中用了」，難道年齡大了、身體機能退化了，就真的什麼都做不來了嗎？

美國心理學家塞利格曼（Martin E.P. Seligman）做過一項實驗，起初把狗關在籠子裡，只要蜂音器一響，就施以「懲罰」，重覆多次後，蜂音器一響，先把籠門打開，此時狗不但不逃，而是不等懲罰出現，就先倒地開始呻吟和顫抖，本來可以主動地逃開懲罰，卻絕望地等待痛苦的來臨，這就是「習得性無助」。

這樣的情況，也發生在人的身上，孩子成長過程中，難免有做錯事的時候，比如打碎碗、說錯話，父母可能會說「你怎麼這麼笨」、「你怎麼這麼沒用」之類的話，雖然很多都是無心之言，卻會給

孩子強烈的心理暗示，讓孩子覺得自己真的笨、很沒用。在這樣的循環之下，孩子會漸漸有了「習得性無助」，認為自己什麼事都做不好、自己很糟糕。

習得性無助不會因為長大而停止，還是會繼續在你生命中出現，感到做起事來不再像以前一樣得心應手嗎？有時連爬樓梯、扣扣子、彎腰撿東西這類的小事都有點力不從心，當這樣的經驗一再累積，不但自己開始否定自己，身旁的親友也會因為擔心，或者主動幫忙，讓你自尊心受損；或者限制你的行動，讓你感到挫折。

檢測一下，你肯定自己嗎？

其實，你並沒有這麼的「無用」，你只是被「習得性無助」影響了，情況如何呢？透過 P.162 的檢測表，看看自己目前的狀況，在相應的數字上畫圈，分數低到高代表頻率由低到高，從來沒有為 1 分，總是如此為 5 分，最後再把圈起來的數字相加，得出總分。

你算好分數了嗎？若分數在 35 分以上，代表你的自我肯定較高，經常能適當適時地表達自己的意見與感受；分數在 20-35 分，代表你的自我肯定屬於中等，有些時候能表露自己的意見與感受，但有些時候卻做不到；分數 20 分以下，代表你的自我肯定偏低，較無法適時地表達自己的意見與感受，你需要練習更樂觀正向，更肯定自己。

	從來沒有	很少	偶爾	大多如此	總是如此
1. 當發生意外時，我不會覺得自己一定有問題。	1	2	3	4	5
2. 對於日常生活的事，我很容易做決定。	1	2	3	4	5
3. 不論開心、難過或生氣，我通常會把我的感受表達出來。	1	2	3	4	5
4. 聚會的場合，我能很自在地跟其他人交流聊天。	1	2	3	4	5
5. 我能控制我的脾氣。	1	2	3	4	5
6. 如果有朋友提出無理的要求，我能拒絕他。	1	2	3	4	5
7. 如果有人恭維我，我知道該說些什麼。	1	2	3	4	5
8. 當推銷員推銷我不需要或不想要的東西，我能拒絕他。	1	2	3	4	5
9. 當我和別人說話時，可以輕易地注視對方的眼睛。	1	2	3	4	5
10. 我容易開口讚美別人。	1	2	3	4	5
總分					

練習樂觀

繪本《爺爺一定有辦法》中，在孫子的心裡，爺爺有種「變魔術」的神奇力量，什麼事情到他手上一定有辦法，毯子髒了可以變成外套，外套舊了可以變成背心，背心小了可以變成領帶，最後竟然變成了一顆鈕扣。 從這個繪本故事不難發現，當你覺得自己很厲害時，別人也會覺得你很厲害，你就可以「反制」習得性無助。

有位朋友的母親，選擇自己一個人住在鄉下老家，他很擔心母親獨居，生活必然有許多不便，他母親卻說：「哪裡會只有一個人，罐頭打不開，跟超商帥哥店員說一下，人家就幫你打開；找不到需要的商品，把商品的包裝紙帶去，店員小姐會幫你找出來；小扣子扣不上，就請做裁縫的鄰居改成大扣子。」他母親會種青菜、水果、會做好吃的粿，水果與青菜收成了，就帶去送給店員；沒事在家做了粿，也會分送給左鄰右舍。她出不了遠門，就幫著鄰居看家、收信，大家都覺得她超「有用」的。所以，做不到的，不要勉強；做得來的，開心去做。

塞利格曼在提出「習得性無助」之後，提出了「習得性樂觀」，因此又被稱為「正向心理學派」之父，他再次告訴世人，樂觀、自我肯定也是可以學習的，生活中所碰到的任何挫折，可以分為ABC 三個部分：

- A（Adversity）是挫折、挑戰、不如意的遭遇
- B（Belief）是對 A 的自我信念與心態
- C（Consequence）是因為 B 而採取的行動或後果

例如上超市買雞蛋，不小心把雞蛋打破了，這就是 A（挫折）；習慣否定自己的人，會覺得「自己怎麼會這麼笨手笨腳」，這就是他的 B（信念），當他有這種念頭的時候，很可能會越想越氣自己，接著對周遭人講話口氣變得不好，最後跟家人吵架，這就是 C（結果）。

如果是一個樂觀、能自我肯定的人，可能會跟自己說「下次就知道要小心了」、「也許它在提醒我要找幫手或找方法」，或者幽自己一默「這個蛋個性真倔強，寧願自己摔破，也不給我吃」、「真是個壞蛋，剩蛋快樂啦！」（B 信念），如此一來，自己和別人也就不覺得這是什麼大不了的事了（C 結果）。

自我肯定的人會認為挫折是「一時性」的，相信這樣不好的狀況是能被改變的，把焦點放在未來而不是過去，這樣就能容忍自己有做不到的事或犯錯的空間，也會更願意修正失誤並為下一次做好準備。一樣的問題狀況（A），但不同的信念（B），產生的結果（C）就會截然不同。請試著練習自我肯定，運用下方的表格，記錄自己的 A（遭遇）、（B）信念、C（結果）。

ADVERSITY 挫折／挑戰／不如意的 遭遇	BBELIEF 對 A 的自我信念 ／心態	CONSEQUENCE 因 B 而採取的行動 ／後果

不完美卻很棒

小倉廣所著的《接受不完美的勇氣：阿德勒 100 句人生革命》
（ALFRED ADLER 100 Words to Revolutionize Your Life）一書
中，提到心理學家阿德勒（Alfred Adler）對於人生的看法，他認
為不完美也沒什麼不好，這樣才有人味，也是可愛之處。也許與
過去的自己相比，體力沒那麼好了，開始對自己感到不滿意，但
回想小時候的你，也是需要學習、需要別人幫忙，甚至使用學步
車才能走得穩，行與不行就在一念間，不是所有的事都自己來就
叫做「行」，應該重新定位成「所有的事都找到方法來完成」才
叫做「行」。

不用緬懷過去自己有多厲害，應該著眼於現在和未來。走不穩了，
為什麼不能使用柺杖呢？手不穩了，為什麼不能使用輔助筷呢？
有人會覺得使用輔具很丟臉，其實從旁觀者的角度，一點也不會

因此看不起你，比起摔跤、飯菜掉桌上，使用柺杖和輔助筷，反而能避免可能的風險，帶來更好的結果。

接受自己的不完美，找到適當的解決方法，即使是使用輔助工具、找別人幫忙，別人依然會覺得「你很棒」、「你很有辦法」，樂觀、自我肯定，是可以透過學習、練習而來，肯定自己每天做到當下能做到的事，那就是最棒的自己。

每日一句
做不到的，不要勉強；做得來的，開心去做。

顧好自己
才能顧好別人

有些人要照顧父母，又要照顧子女，妥善照顧家人卻沒時間照顧自己，想做的事情很多，時間卻越來越不夠用。照顧會耗費體力、心力，要學會讓自己恢復能量，從照顧壓力中釋放。

忘了照顧自己

為了照顧家人，你忙得團團轉嗎？有些人會因為照顧家人的壓力，造成心理疾病（如憂鬱症），嚴重時可能有輕生的念頭；或者因為忙於照顧家人，無法好好照顧自己原有的疾病（如心臟病、高血壓、高血糖、氣喘等），而引發病情加重；也有人因為需要照顧家人，不得不中斷人生目標，延伸出後續的經濟中斷與社交中斷，進而影響家庭關係。

照顧家人的同時，要留意自己的身心狀況，也要擬定照顧對策，才能用最小的投入得到最大的產出。為了照顧家人反而把自己拖垮的常見原因有以下四種，你擔心的程度如何呢？請打勾表示。

	非常擔心	有點擔心	還可接受	不太擔心	完全不擔心
照顧開銷					
時間不夠用					
體力負荷					
幫手不夠					

針對自己擔心的項目，要及早思考對策，以下會針對這四個項目提供一些建議，如果你正為照顧家人而苦惱，趕快拿起筆來劃重點吧！

照顧的經濟壓力

長期照顧最令人感到擔憂的地方，在於不知何時結束，持續燒錢，最終陷入經濟危機。如果你是在職的照顧者，一定要懂得求助專業，盡可能避免離職，以免斷絕經濟來源而陷入生活困難。除了健保、個人保險、政府長照四包錢（包含照顧及專業服務、交通接送服務、輔具服務及居家無障礙環境改善服務、喘息服務等四大項給付服務），若有需要亦可向社福團體募集物資或申請志工協助，無論是自行照顧、申請外籍看護或委託照顧機構，善用長照資源都可減輕經濟上的負擔。

> **政府統計**
> 根據衛生福利部統計處於 108 年發佈的國際失智症日衛生福利統計通報，世界衛生組織（WHO）全球十大死因統計，失智症為第 5 名。台灣每年因失智症就醫超過 17 萬人，有 9 成 3 的失智者完全無法自我照顧，平時沒有外出的比率為 24%，每月所需看護費用平均約 2 萬 3 千元。

家人間共同分擔照顧費用也是減輕壓力的方法之一，但往往因不容易達成共識而無法如願，此時不妨尋求法律協助。劉先生是一

位單身上班族，目前與年邁的父親及患有失智症的母親同住，除了照顧的壓力外，經濟是另一個很大的壓力，雖然曾對兄姊提出分擔照顧費用的要求，但兄姊以經濟狀況不佳為由而不願協助，透過律師協調後，兄姊同意分擔父母的照顧費用，劉先生的經濟壓力才得到緩解。

照顧父母的扶養費，可以強制要求兄弟姊妹分擔嗎？
民法規定，直系血親之間，互負扶養義務，所以兄弟姊妹間，法律上有義務要奉養父母親。父母親必須要符合「不能維持生活」的法律要件，才可以要求子女扶養，也就是父母親名下已經沒有財產，或者是雖然有財產，但都是無法馬上變賣來給付生活費用的財產（例如雖然有土地、房屋等不動產，但都是與其他人共有）。

時間不夠用

想做的事很多，卻因為要照顧家人，感到時間越來越不夠用，等到和自己獨處時，才發現已經沒有半點力氣做喜歡的事，你是否也有和下面例子同樣的感受？

· 好不容易安頓好家人，結果看到還有被弄的一團亂的家等著自己收拾。

· 臉書跳出回顧，突然發現上次和好朋友相聚的時間已是按「年」起跳。

· 超優惠機票跳出來，卻找不到當年說走就走的衝勁，什麼時候才有自己的時間好好放鬆？

每個家庭都有做不完的家事，家人間應各自分工擔任不同的工作（如：拖地、洗碗、倒垃圾、晾衣服等），照顧家人的責任也應由家人間分擔，若有需要，也可以請人協助打掃整理家務，社團法人中華民國銀髮健康照顧協會就曾舉辦「潔淨老窩過新年」的活動，由志工幫助照顧家庭做年度大掃除，善用社會資源，可以讓自己有短暫的喘息時間，才能避免因照顧家人而壓縮屬於自己的時間。

生活不是只在金錢上取捨，需要花錢請專業協助，就以金錢換取時間，把握短暫的片刻，就算只有一杯咖啡的時間，或十分鐘追劇，都能夠讓照顧者稍微「找回自己」。盡可能維持原來的社交與活動，才不會跟社會脫節，惟有照顧與生活維持平衡，才能有好的照顧品質。

體力不同以往

你有以下狀況嗎？若是，請不要懷疑，真的是年紀到了！

- 熬夜後無法靠睡一整天恢復精神狀態
- 蹲下去再站起來，竟然閃到腰了
- 追公車趕捷運，還沒上車已經開始喘了

隨著年紀漸增，體力也跟著走下坡，無法再輕而易舉完成年輕時

可以完成的事。人要服老,尤其在照顧家人時,千萬不要逞強,需量力而為。想想看,日常生活中有甚麼替代方案可以減輕體力的負荷呢?

項目	替代方案
家人需移位時	使用輔具及護具
粗重的打掃工作	請專業人士整理
自行開車前往醫院看診	搭計程車或「便車」
採買日常用品提重物	網購快遞送達

除了避免不必要的體力支出外,更重要的是如何維持好體力,充足的睡眠和運動是最容易也最簡單的方式。不要覺得自己年紀大了,做不來運動,只要有兩隻腳,能慢跑就慢跑,不能慢跑就快走,連快走都不行就慢走。健康不是天生的,是從日常中累積的,人生下半場照顧好自己身體,目的不是為「活得久」,而是為「活得好」,擔任照顧者角色的你,自己不能倒。

凡事皆有取捨

照顧者若覺得凡事都要自己來,住往造成自己疲累不堪,照顧品質也不好。照顧家人時,你認同以下的看法嗎?

項目	是	否
1. 只有我最懂他，除了我沒有人可以照顧他。		
2. 照顧家人是天經地義，我應該一肩扛起。		
3. 他生病了，所以什麼都做不了，一切都要靠我才行。		
4. 照顧病人是首要任務，只要病人好就好，我沒有關係。		
5. 家人患病期間，我應該把自己的所有事放下，等到以後再說。		
6. 照顧就夠累了，哪有時間參加什麼課程或團體。		

其實以上這些都是迷思。照顧家人不是一個人可以獨自承擔的，負擔照護工作的不應僅限於女性，男性也要負起照顧的責任；除了由子女來照顧父母，孫子孫女一樣可以幫忙，《奶奶來了！從陪伴到送別，我與奶奶的 1825 天交往日記》作者賴思豪，便是以孫子的身份照顧、陪伴著奶奶。不需要把所有事都攬在自己身上，做不來的就找幫手。

對於失能的家人若太過照顧，其體力與生活技能反而因為不需使用而退化，自理能力會越來越差，更加重自己的照顧負擔。使用生活輔具（如輔助湯匙），讓家人做本來可以做的事，才不會讓他覺得自己很沒用，喪失自尊心。

「你把父母送進療養院，不怕會被說不孝嗎？」傳統孝道觀念讓照顧者背負很多壓力。事實上，專業照顧可能比你照顧的更好，盡量跟家人取得共識，適當尋求照顧資源來減輕負擔，該放手就要放手，只要你的關懷不間斷，給自己一點喘息的空間不是不孝，而是為了讓照顧這條路可以走得更長久。

當自己被照顧壓力壓得喘不過氣時，暫時離開現場，讓自己從緊繃的現實中走出來。參加照顧者支持團體，從別人的照顧經驗找到讓自己照顧起來更輕鬆的方法；或者找專業諮詢師聊聊，像社團法人中華民國銀髮健康照顧協會的「失智心理諮詢園地」，就有提供失智症患者及家屬心理諮詢服務，讓患者瞭解失智症狀進程，及早做好心理準備及相關安排；協助家屬善用社會資源，增進對患者的應對技巧，紓解壓力，促進家庭和諧。

照顧之路可能很長，照顧他人之前，永遠都要先照顧好自己，懂得愛自己、關心自己，才能好好照顧他人。否則可以持續照顧的時間就會變短，因為你沒有那麼強大的耐力可以撐那麼久，因此，學習如何好好照顧自己是很重要的。

> **每日一句**
> 善用資源，讓照顧變得更輕鬆，最重要的是要讓自己保持健康與快樂！

為自己的
情緒負責

人難免有情緒，只是宣洩的時機或方式不當，恐會產生難以收拾的後果。透過壓力檢測表，瞭解自己壓力源頭，藉由情緒管理的觀念與技巧，讓你在壓力下，也能適度地紓壓放鬆，擁有快樂自在的生活。

壓力破表了嗎？

每個人或多或少都會承受壓力，壓力是怎麼引起的呢？個人因素（性格、思考方式、自尊心）、人際關係（與家人、朋友或陌生人間相處發生問題）、社會環境改變（氣候、疫情等），都是可能的壓力來源。你是否覺得每天生活在巨大壓力中？利用 P.177 的測量表進行評估，找出你的壓力來源。

你的答案中有幾個「是」呢？對照 P.178 的檢測結果看看壓力程度如何。

不要輕忽壓力的存在，但也不要以壓力為藉口亂發脾氣，讓自己的情緒和生活變得一團糟，甚至波及到旁邊的親友。請好好面對壓力，因為壓力不只影響心理，也會影響生理健康。

評估量表	是	否
1. 最近是否經常感到緊張，覺得事情總是做不完？		
2. 最近是否老是睡不好，常常失眠或睡眠品質不佳？		
3. 最近是否經常有情緒低落、焦慮、煩躁的情況？		
4. 最近是否經常忘東忘西、變得很健忘？		
5. 最近是否經常覺得胃口不好？或胃口特別好？		
6. 最近六個月內是否生病不只一次了？		
7. 最近是否經常覺得很累，假日都在睡覺？		
8. 最近是否經常覺得頭痛、腰痠背痛？		
9. 最近是否經常和別人意見不同？		
10. 最近是否注意力經常難以集中？		
11. 最近是否經常覺得未來充滿不確定感？恐懼感？		
12. 有人說您最近氣色不太好嗎？		

研究調查

世界衛生組織指出，當人產生了負面情緒時，七成以上的人會以攻擊自己身體器官的方式消化這些情緒。所以不難發現，焦慮、壓抑、憤怒、沮喪等情緒的波動，會帶來身體上的微妙變化。壓力讓人變得情緒化，身體也隨之發出「報警信號」。

壓力指數	壓力程度
3 個「是」	壓力指數還在能負荷的範圍。
4~5 個「是」	壓力已困擾你，雖能勉強應付，但必需認真學習壓力管理，同時多與良師益友聊一聊。
6~8 個「是」	壓力很大，需要去看心理衛生專業人員，接受系統性的心理治療。
9 個以上「是」	壓力已很嚴重，應該看精神專科醫師，依醫師處方採用藥物治療與心理治療，讓生活趕快恢復正常軌道。

情緒會攻擊身體

壓力除了會影響記憶，降低專注力，還會使人感到焦慮、憤怒或悲傷，這些負面情緒會以攻擊自己身體器官的方式反應出來，消化器官、皮膚和性器官是重災區，例如大把地吞下胃藥，其實是逃避讓自己緊張的根源；皮膚的紅疹猶如一座座小火山爆發，它通過這樣的方式告訴你，你壓抑了很多憤怒；親密關係的問題，經常呈現在性器官的各種病症，這些都是長期情緒不良帶來的後果。

在一次心靈療癒課程中，一位女同學劇烈地咳嗽，老師溫柔地對她說：「如果你不咳嗽，而是說一句話，其實你想說的是什麼呢？」這位同學先是一愣，然後哇一聲哭起來，終於說出她心底最深的恐懼和渴求，神奇的是，接下來的課程她就沒有再咳嗽了。原來

喉嚨是身體溝通的部位,如果出現了問題,代表有一些情緒和話語卡在那裡。

生活中有許多壓力,當壓力超過了你應付的能力,就會對我們的精神和身體健康造成不良的影響。醫生表示很多找不到原因的「身體不舒服」,大多都來自心理壓力。例如莫名的頭痛、胸悶、背痛、拉肚子、便秘、耳鳴、胃痛、脹氣、心悸、脫髮,甚至是糖尿病、心臟病、高血壓等慢性病。因此,只要維持好心理健康,就可以解決這些「不知名的病痛」。

把壓力變甜點

壓力要解讀成正面或負面,決定權完全在於自己的思維,透過思維的翻轉,你也可以把壓力(stressed)變甜點(desserts)!想想這個壓力如果被你克服,它會帶來什麼好的影響,例如學習 Line 手機應用程式對你有點難、造成壓力,但如果學好它,可以跟家裡的晚輩增加溝通管道、提高互動頻率,讓自己不再感到寂寞,跟得上時代而很有成就感。

壓力(stressed)	→	甜點(desserts)

試著寫下某種壓力來源，並想想怎麼用不同的角度，看待這個壓力的正面影響。

壓力所帶來的情緒有時很輕微，但也可能會很強烈，所以需要一些方法來抒壓，才能避免情緒繼續惡化，做出失去理智的行為而後悔不已。你常常因為一些壓力，而無法控制自己的情緒嗎？可以利用下列方法來緩和情緒：

1. **身心鬆弛法**：利用生理和心理相互的影響，達到放鬆的效果。

   * 由身體至心理的放鬆方法，例如運動、深呼吸、肌肉放鬆訓練。
   * 由心理至身體的放鬆方法，如意向鬆弛法。在安靜的地方或坐或躺，試著想像一個放鬆的情景（例如一個風和日麗的春天，坐在一棵樹下），閉上雙眼，以三秒吸氣，六秒呼氣的方式，把注意力集中在慢慢呼吸上最少三分鐘，告訴自己你覺得很放鬆，直至自己的內心安靜下來為止。

2. **找人傾訴**：情緒不穩定的時候，找家人、朋友或閨蜜把內心的感受說出來，有緩和、穩定、撫慰情緒的作用。

3. **轉移注意力**：將注意力從負面的情緒中拉出來，轉移到其他的事情上，可以聽聽音樂、追劇、做料理之類的。

4. **轉換情緒**：認識並且接受自己的情緒，選擇正向的想法，實行
   你的選擇，慢慢轉換心情。

做個情緒管理的高手

你有碰過這類的例子嗎？美女身旁常會有一位溫柔的男士，他不
見得是什麼企業家，卻是家務做得很好的男人，看見太太發火，
總能笑嘻嘻地把負能量吃下去，這種高情緒智商的暖男，往往能
贏得美人心、抱得美人歸。又或者有些大亨巨富、商賈名人，身
邊的太太並不美麗、也不能幹，但卻是極其溫柔的伴侶，當他內
心煩躁時，給他溫柔的力量。

> **研究調查**
> 美國 EQ 測驗機構 TalentSmart 進行了一項研究，抽樣了 100 萬餘的
> 人做觀察，發現在各方面有成就表現的人，約有 90% 可以駕馭自己
> 的情緒，讓自己不會做出情緒化判斷，也不會情急之下就倉促決策。

想管理好自己的情緒，走向健康的人生，當察覺自己情緒快爆發
時，透過以下三個步驟與自己對話：

1. **WHAT？我有什麼壓力？** 清楚描述是什麼事情讓自己感受到壓
   力？這樣才能有掌握情緒，而不被情緒所操控。

2. **WHY？我為什麼有壓力？** 問問自己到底為什麼會感到壓力？

找到真因才能對症下藥。

3. HOW？我要如何處理自己的情緒？實行對你最有效的抒壓方
式，等心靜下後，再思考怎樣才能移除壓力源，以及下次遇到
同樣的問題時，如何能有智慧地處理自己的情緒。

真正的情緒管理，餵進去的是垃圾，輸出的是良性的信息、有效
的解決方法，一個能將情緒管理好的人，具有把壓力變甜點的力
量，能將美好帶給自己，也能將美好帶給別人。對壓力的解讀，
取決於自己的思維，沒有人會為你的情緒負責，只有你能為自己
的情緒負責。

> **每日一句**
> 別把生命浪費在生氣，學著好好控制並擺脫壞心情，跟壞情緒說
> bye bye ！

學習與病痛
和平相處

人吃五穀雜糧，誰能沒病？往往生病了就容易往死的方向去想，身體的病痛引發心裡的悲觀。學習與病痛共處，不要怕帶給家人負擔，說出自己的夢想與需要，一起享受生命的每一天。

接受自己「生病了」

一般人感到身體不對勁的時候，腦海中會閃過兩個念頭：治療過程會不會痛？醫療費用高不高？接下來就開始心情不好了。讓我們先聊聊生理問題、再談談心理問題、最後來解決金錢問題。

身體不適要及時就醫，不要因害怕而錯過最佳治療時機。所謂知己知彼、百戰百勝，若能對疾病有比較深入且正確的瞭解，在治療與復原的過程中，會有比較正確的期待。

檢討生病的原因是否和自己的習慣有關，是應該要做的功課。不好的生活及飲食習慣（如生活作息日夜顛倒、三餐不定時、偏食、抽菸、喝酒等），年輕時往往不覺得有影響，日積月累一旦爆發就大病臨身。

此外，許多身體疾病的根源來自於心理，曾有位病人向醫師說自己眼癢、鼻癢、全身皮膚癢，治療好久還是沒改善，後來醫生發現他是個很龜毛、挑剔的人，對週遭環境、人、事都「過敏」。

心理生病也應該找醫生或諮商師聊聊，有人把「憂鬱症」比喻成「心的感冒」，每個人都可能得到，勇於面對，治療並不困難；也有些心理疾病症狀會侵蝕病人的感受、扭曲想法或知覺，讓當事人不覺得自己有這麼糟，甚至以為自己根本沒有病；雖說基於人權的考量，若無自傷或傷人的危險，任何人都沒有權力強逼你就醫，然而早期確診、及時治療、早日康復三部曲，在心理生病的情況下一樣適用，所以不要排斥看精神科醫生。

病識感
患者對於自己健康狀態的知覺能力就是病識感。病識感高的患者，會注意到自己出現的一些症狀並主動就醫，將疾病對生活帶來的損害盡可能的減少；反之，若患者無病識感，等到親朋好友發現不對勁，才協助就醫，對病患本身的生活、人際關係、家庭關係會帶來衝擊性的影響。病識感可以透過心理治療、衛教和訓練逐漸培養。

生病時，病的不僅是肉體，與生活習慣及心理因素也是有連結的，不妨用下表來試著找出三者的連結。

我的生理有哪些疾病？	可能與什麼習慣有關？	可能與什麼心理因素有關？

該讓別人知道我生病了嗎？

當你感覺自己可能生病了，你會掙扎著要不要告訴親朋好友嗎？其實病痛侵入我們的身體時，心理正悄悄產生變化，無意間可能已透露出一些端倪，請試著做以下的問卷，看看自己生病時是否有這些情況？

題目	是	否
1. 我有種被拋棄的感覺。		
2. 我擔心身體狀況，無法專注於其他事情。		
3. 我覺得時間過得很慢，會一直陷入回憶中。		
4. 生病影響了我原本的日常作息與活動。		
5. 生病造成外出不便，使我對原本喜好的事物興趣降低。		
6. 生病讓我情緒低落。		

若有三題以上答「是」，你需要尋求家人、朋友的協助。生病不用獨自面對，不用擔心麻煩週遭的人，就像韓國電影《完美搭擋》，它描述一對異姓兄弟，雖一人肢障、一人智障，但彼此互相扶持、共渡難關的故事，另一部日本電影《三更半夜居然要吃香蕉》，則描述罹患肌肉萎縮症的主角如何透過志工、居家服務員等人的協助努力維持生活的故事。因此，生病時需要協助，與

尊嚴無關,這是所有人一生中無法避免的部分,請讓周圍的家人或親友加入,你要做的就是盡可能地合作、接受照顧並懷抱感激。

心理會影響生理

有個著名的心理學實驗,判死刑的重刑犯,行刑時被告知:「等下執行死刑的方式是將你放血而死。」他被矇上眼後,手臂被刀尖劃了一下,實際上這只是皮肉傷,同時在他手臂上方用一根細管子放水,水順著犯人的手臂一滴一滴地滴進瓶子裡,犯人信以為真,慢慢進入昏迷,直到氣息停止往生了。未想這「滴答一滴答一」的水聲,竟讓犯人感覺血液一滴一滴流失,最終衰弱身亡。

此外,在醫療上有個難以治療的痛楚,就是截肢患者的「幻肢痛」,當患者看到「空空的肢體」時會感到疼痛,實際上這種疼痛是患者「腦袋」產生出來的一種幻覺,有些人可經由安裝義肢後減緩症狀。而隨著科技的發展,當患者透過「虛擬實境」,看到自己肢體完好的畫面,疼痛感也隨之消失,產生了「欺騙腦袋」的效果。

由此可見,人的身心要兩相配合,三分病可能因為過度擔心,而變成了七分樣,也可以因為懷抱信念,而漸漸好轉,心若健康,身體就健康了!

學習與病痛和平相處

無論在治療或復健的階段，面對病痛的心態不同，人生便有了截然不同的結果。每個運動明星都有受傷的經驗，2009 年王建民因右肩關節囊的韌帶撕裂，韌帶修補手術完成後，他努力進行一連串的復健治療，用堅強的意志力，克服復健時的疼痛，重新回到棒球場上發光發熱。當你正面臨復健帶來的痛楚時，想想你喜愛的運動明星，用他做復健的成功故事來鼓勵自己繼續努力。

研究顯示，正面、懷抱希望的態度有助於壓力的調節，負面的態度則會加重壓力，變得憂鬱，更增加身體不適。假如你以負面的態度，視自己為病痛的受害者，病痛將持續控制你的生活，耗盡你的精力；反之，你以正向態度面對問題、願意改變，則常常能夠成功地控制這些病痛。

學習並練習正向的自我交談，當你產生負面思想時，請大聲唸出以下五個正面思考的想法，想想自己有什麼優點可以打敗這個負面思想，把它寫在「更多正面思考的想法」這欄。

五個正面思考的想法

1. 我是值得被愛與重視的。
2. 我不是殘廢，我有我的夢想和目標，而且有許多我可以做的事。
3. 我可以控制我的喜樂，我可以是快樂的，而且能享受生命。
4. 我會盡我所能做好我的角色，我的夥伴們會試著接受我的。
5. 我承認醫學無法治癒每一種病，許多疾病無法痊癒但可以控制。

更多正面思考的想法

用健康險來付擔醫療支出

小病、小痛的醫藥費多數人都能夠負擔,若是罹患癌症等重大疾病,需要大筆的醫療費用,應該要讓你的保單在此時派上用場。保險專家邱正弘提出「健康險穿衣理論」,就像衣櫥裡需要各種衣服一樣,每個人都需要不同的健康險來保障自己的需要,在全民健保外,購買醫療保險時可根據以下原則:

1. 第一優先購買的醫療保險是**醫療實支實付險、醫療日額給付險**,若需要使用達文西手術或是注射標靶新藥,就可以用雜支的方式支付,減少經濟負擔。

2. 第二優先購買的醫療保險是**殘扶險╱失能扶助險**,當癌症造成身體失能,需要請看護時,就可以用殘扶險支付,減輕家人的負擔。若因中樞神經損害造成失語、失認、失行等失智症狀,只要符合失能等級表描述,就能用失能扶助險理賠。

3. 第三項需要購買的醫療保險是**重大疾病險、癌症險**,兩者差別

是重大疾病是一次性給付一大筆金額，癌症險是支付一筆小額的金額，民眾可依自身考量去選擇。

4. 若是經濟許可，可增加**長期照顧險、意外醫療險、門診手術險**等醫療保險。長期照顧險與失能扶助險都能轉嫁長期照護的風險，保障事故發生後的薪資損失以及生活開銷，但保障範圍有差異，一定要充分瞭解理賠條件，需要時才能真正獲得幫助。

理賠判定條件	長期照顧險	失能扶助險
六項生理功能障礙符合三項（進食、移位、如廁、沐浴、平地移動、更衣）	●	
三項認知功能障礙裡符合兩項（分辨時間、分辨場所、分辨人物）	●	
符合 1 至 6 級失能等級表中失能描述		●

請檢視一下你的保險單，為自己規劃足夠的醫療保險，避免金錢不足影響治療的機會。也要確實瞭解保單的理賠內容，要注意「自費項目」、「手術理賠」（同一部位只給付一次）、「醫療保險金給付總額之上限」、「等待期」、「除外責任」（非以醫療診治為目的之項目）等較容易有爭議的項目，以減少與醫生、保險業者間的糾紛。

每日一句
超越病痛，向生命微笑！

把感謝說出口

感謝之心不止放心底，還要勇敢說出來，這樣可以讓彼此關係更加融洽。利用「感謝公式」，在「謝謝你」之後加上「具體行為」及「影響」，就能讓感謝更容易說出口。

懂得感謝有什麼好處？

你是否曾為朋友的一句感謝，而感到內心雀躍、開心不已呢？換位思考，當你對別人表達感謝的時候，你也會讓對方感到快樂，因此，若說感謝帶有目的，那個目的就是加強你的人際關係。

許多關於感謝的研究，都顯示表達感謝好處多多，有生理的影響，也有心理的影響。生理方面，容易將心中感謝說出口的人，通常比較沒有失眠的困擾；心理方面，經常表達感謝的人，更容易感到快樂，較不易產生妒嫉、憤怒與怨恨等負面情緒，因此幸福指數較高，此外，懂得感恩的人，多半較有耐心，而且往往能做出合理的決定。

心理學家愛瑪塞柏拉（Emma Seppälä）的著作《你快樂，所以你成功》（The Happiness Track）中提到，一段關係之所以可以讓人感到滿意，主要是來自於對方的肯定，只要其中一方善於表示感謝，雙方關係就會良好。常懷感恩之心，對別人就會少一分挑剔、多一分欣賞，向對方表達感恩之意，鼓勵了對方，也給自己

帶來快樂，何樂而不為呢？

因此，當你的家人朋友做了體貼你的事情，直接向對方表達你的感謝吧！不論再微小的事情，依舊心存感激，不但會讓自己處在正面且愉悅的心情之中，也能帶給對方好的印象，進而增進彼此的關係。

研究調查
曾有一項實驗，請受試者寫封信向某人表達感謝，並預期對方的反應，同時調查收信人的實際反應與想法，結果發現，受試者低估了對方收到信的驚喜程度。另一項實驗發現，若幫助別人卻未受到感謝，未來幫助別人的比率會減少一半。可見表達感謝的力量往往超乎我們的想像。

感謝的話該怎麼說？

不懂得感恩和不表達感謝，情況都一樣糟糕。感謝要表達出來，別人才會知道，然而表達感謝時，最常出現的謬誤是以為感謝了別人、實際上是褒獎了自己，也就是只顧及自己的感受，而非把焦點放在對方。

閱讀下面的語句，你覺得它是屬於誠心「讚美別人」還是表達「自我感受」？

語句	讚美別人	自我感受
1. 這讓我很開心……		
2. 我覺得你真的很擅長……		
3. 這讓我可以在朋友圈裡炫耀……		
4. 謝謝你特地跑一趟……		
5. 這讓我減輕負擔……		
6. 我看見你很認真……		

單數題是自我受益，雙數題是讚美別人，你答對了嗎？兩者之間最大的差別在於主詞，如果用「你」做開頭，關注的焦點才是放在對方身上，感謝的話也是如此，主詞放「你」，聽起來比較誠懇。

有人覺得講感謝的話很肉麻，其實用簡單、明白的方式表達，對方就能收到你的誠意，「謝謝你」、「你真貼心」、「有你真好」都是可以表達感謝的短語，過度修飾的文字或誇大的描述，反而讓人覺得矯揉造作、感受不到你的用心。

要怎樣才能讓感謝的話說得更到位呢？可以套用以下的「感謝公式」，在「謝謝你」後面加「具體行為」（說了什麼或做了什麼），再提到這件事所帶來的「影響」。例如「謝謝你陪我走到公車站，

這讓我不用擔心迷路」、「謝謝你告訴我這個開課的訊息，讓我有機會報名參加」。試著在下方空格裡，套用「感謝公式」，練習寫下兩句感謝的話，你會發現感謝的話並不難呢！

感謝行動計畫

什麼時候該表達你的感謝呢？聽聽這則故事吧！老婆問老公：「如果我死了，你會送上一束鮮花給我嗎？」老公回答：「會。」老婆說：「等我死後，無論你送再多鮮花，我都收不到，不如趁現在送我一朵吧！」沒錯，感謝就像鮮花，要及時表現出來，讓對方真切感受到。

如何養成及時感謝的習慣呢？你可以準備一本「感謝筆記」，當你突然想起誰，想對他說些什麼感謝的話，可以立即寫在上面；或者回想一下今天讓你最感動的三個片刻，當時誰對你說了什麼話或做了什麼事，讓你感到無比溫暖，例如誰陪你去看醫生、誰幫你開門、甚或誰對你微笑，用心體察生命中細微卻動人的小確幸，你會發現身邊的人都對你很好，你是幸福的，請將這份幸福用感謝來回報給對方。

傳達感謝的方式也很簡單，一句謝謝、一則簡訊、一通電話、一張卡片、一次拜訪或一份禮物，都是傳達感謝的好方法。把你的感謝寫在下表中，接下來的七天，每天寫一則，它就會累積成你的「感謝筆記」，往後回憶起來，會勾起你那時的感動，為自己帶來好心情。

感謝的人	感謝的事	傳達感謝的行為

「大恩不言謝」只是客套話，人是互相的，別人幫助你，你懂得感恩，你幫助了別人，別人也會感激你。因此，除了感謝別人之外，也要創造被別人感謝的機會，平常尊重他人、體貼他人的小舉動也能感動別人，例如下次去便利商店時，順手幫家人帶一罐豆漿；看到朋友拿著大包小包時，可以詢問對方需不需要幫忙。

表達自己的感謝或創造對方感謝你的機會，可以使感謝像滾雪球，把善意的循環越滾越大，別忘了，感謝能帶來不可思議的力量。

每日一句
感謝需要雙方互動，才能轉變成為彼此的生命能量。

不是忘記，
只是記不得

失智和正常老化有何不同？失智又被稱為漫長的告別（Long Goodbye），它給了我們很好的機會早做安排，讓自己和家人在記憶消失的過程中，愛卻不會消失。

是年紀大健忘？還是得了失智症？

你有這種經驗嗎？走到冰箱，正準備打開來的時候，突然想不起來要拿什麼；出門前想著要帶什麼東西出去，結果要用時才發現忘了帶出來。

先別緊張，你可以試著做 P.199 的篩檢量表。每題有三個選項，如果過去幾年中有發生「明顯改變」請選「是」，如果沒有發生明顯改變請選「否」，如果真的不確定，請選「不知道」。（請注意，填答時不是只以自己目前的表現來回應，如果一直以來都有這樣的狀況，就不算明顯的改變，必須跟以前比有退步外，且「影響到日常生活」，才算是明顯改變。）

「AD-8 極早期失智症篩檢量表」是由楊淵韓醫師引入台灣，如果有二題以上回答「是」，建議去看神經內科醫師，做進一步的檢查和確認。有一位朋友跟我說他記憶力變差，我請他舉例，他的例子都是過一會還能回想起來的狀況，而失智症患者是怎麼想都想不起來的，所以這位朋友只是正常老化，虛驚一場；還有一位

AD-8 極早期失智症篩檢量表	是	否	不知道
1. 判斷力上的困難。例如落入圈套或騙局、財務上做出不好的決定、買了對受禮者不合宜的禮物。			
2. 對活動和嗜好的興趣降低。			
3. 重複相同問題、故事和陳述。			
4. 在學習如何使用工具、設備和小器具上有困難。例如：電視、音響、冷氣機、洗衣機、熱水爐（器）、微波爐、遙控器。			
5. 忘記正確的月份和年份。			
6. 處理複雜的財物上有困難。例如：個人或家庭的收支平衡、所得稅、繳費單。			
7. 記住約會的時間有困難。			
8. 有持續的思考和記憶方面的問題			

朋友，媽媽一直重複買內衣，好多件全新未拆封，他很緊張地來問我，自己的媽媽是否得了失智症，我請他做這個量表，發現他媽媽並沒有以上的狀況，純粹只是購物狂。

失智症的可怕不亞於癌症

民眾聽到癌症多半會覺得很可怕，原因是癌症臥床至臨終的時間可以非常短，然而失智症的可怕不亞於癌症，因為失智症目前並

沒有可以有效治癒的藥物，患者會逐漸失去生活自理能力，病程可長達8至12年，對照顧失智症的家屬來說，造成相當大的心理、體力和經濟壓力。

美國有位茉莉（Molly）老太太罹患了退化型失智症中的阿茲海默症，她兒子喬（Joe）問她是否願意把過程拍成影片，讓更多人瞭解失智症，茉莉說：「如果這樣能幫助到別人，我們就來做吧！」於是喬開設了一個YouTube頻道，把和媽媽相處的影片分享給大家，其中有一支影片讓我印象深刻，喬一個人坐在車內大哭，他說：「今天是我這輩子最難過的一天，我媽媽忘記我了，她知道我的名字，但不知道我是她兒子」，有人說在這段歷程中，家屬往往比患者心裡更煎熬，這話一點也不假。正視自己有無失智症的風險，不只關係到自身，也展現出你對家人的愛，畢竟家人的心情和生活上都會深受影響。

萬一得了失智症……

自從謝祖武主演的《初戀的情人》電視劇走紅後，更多民眾瞭解失智症會有什麼症狀，戲裡的男主角會迷路、會忘記很多事、甚至會把老婆的名字叫成初戀情人的名字，他罹患的是「阿茲海默症」，然而這只是五種常見失智症的其中一種，不同的失智症狀也不相同，難以用單一症狀，來判斷是哪種失智症。

失智症病程分為輕度、中度及重度三階段，以往在定期健康檢查中，很少有相關的檢查項目，當出現失智症狀，對生活產生影響時才去就醫，往往已是中度失智症。如果你懷疑自己或家人得了失智症，建議去醫院掛「**神經內科**」或「**記憶門診**」，而不是先掛「精神科」，此外，很多大醫院像長庚醫院，有推出「腦神經高階健康檢查」，你可以將它納入定期健康檢查項目中，如果能及早發現，就有更充足的時間來規劃與準備，甚至建立新的生活模式以減緩退化。

常見失智症

失智症有五種，大家最熟悉的是佔了失智症六到七成的阿茲海默症，起因於掌管記憶的海馬迴及掌管人格特質的大腦皮層神經細胞病變退化，如電影《我想念我自己》中，患者會忘記經常使用的字詞、在熟悉的街道上迷路、出現情緒不穩和行為改變等症狀。

盛行率第二名的血管型失智症死亡率最高，通常發生於腦血管疾病後，起因是腦部血流受阻，導致精神活動機能障礙，退化速度取決於中風次數與中風發生的位置，症狀較為複雜，包括日夜時序混亂、產生幻覺及妄想、小步行走等。

早發性失智症最常見的就是額顳葉型失智症，顧名思義是腦部額葉、顳葉漸漸萎縮所形成。額葉退化會讓個性改變，做出不合常理的行為；顳葉退化會讓語言表達出現問題。額顳葉型失智症最不易早期發覺，行為變異比例最高，患者外表與常人無異，但判斷力卻有很大的問題。

路易氏體失智症是最像精神病症的失智症，喜劇演員羅賓威廉斯曾傳出因憂鬱症而輕生，後來証實是罹患路易氏體失智症，它記憶力喪失程度較輕，但空間辨識能力嚴重衰退，早期就出現身體僵硬、走路不穩、無法解釋的跌倒，以及明顯的精神症狀。

巴金森氏症是神經退化性疾病，是黑質細胞退化死亡，使多巴胺分泌量減少所致，症狀包括手腳顫抖、肌肉僵硬、動作緩慢，美國前總統老布希即罹患此症，巴金森氏症本身不是失智症，但有四成的患者在診斷兩年後合併失智症狀，有幻覺和妄想的比例甚至比阿茲海默氏症多。

若發現自己或家人已確診為失智症，建議可以邀請全家一起看相關的電影或書籍，瞭解未來會發生什麼狀況，以輕鬆的方式進入嚴肅的課題。例如日本電影《明日的記憶》就是以阿茲海默失智症患者為主、家人為輔，細膩地描繪從發現症狀走到最後，會經歷怎樣的過程；另一部日本電影《漫長的告別》，則是以失智症家屬為主、患者為輔，描繪家人要面臨怎樣的抉擇、與週遭人的關係會受到什麼影響、如何改變原本的生活步調；英國電影《長路將盡》描述丈夫如何與失智妻子溝通、如何用正向的力量，走完人生最後一段旅程。

書籍方面，推薦佐藤雅彥所著的《失智症的我想告訴你們的事》，裡面談的是患者本人的生活紀錄與最真切的告白；瓊瑤所著的《雪花飄落之前》，則是記錄她照顧失智症丈夫的心情；德國小說《八

分鐘》，故事中的老先生和老太太都是失智症患者，二人雖在生活上受到重重阻礙，老太太卻能活在無憂無慮的世界中，老先生則是體會到身為「笨蛋」反而讓自己變得更輕鬆愉快。

看完電影或書籍後，再一起討論自己或家人的情況、要如何做事先的規劃和安排等，例如預防走失可戴定位手錶或把電話號碼縫在衣服上、白天可去日間照顧中心獲得照護等，有了共識，真正碰到失智症病情急轉的交叉路口，才不會顯得慌亂。

研究調查

根據衛福部調查，2017 年底，台灣失智症患者已超過 27 萬人，失智症好發率會隨著年齡增加而變高，65 歲以上人口失智症盛行率為 2.5%，80 歲以上人口失智症盛行率，估計在 13% 至 37%，也就是每 3~7 位長者就有 1 人可能罹患失智症。未來 40 年間，台灣每天將增加 38 人罹病，平均每 40 分鐘新增 1 名病患，而世界衛生組織公布，全球甚至每 3 秒新增 1 名病患，失智海嘯正在席捲全球。

失智症目前除了靠藥物減輕症狀外，採用非藥物治療的方式也是很好的選擇，社團法人中華民國銀髮健康照顧協會推出的納大腦力開發課程（NADAD, Non-Drug Approach for Dementia & Alzheimer's Disease），就是運用多元的活動方式，來刺激大腦的認知功能，進而延緩失智症的惡化。另一方面，家屬如果感覺照顧壓力難以承受，不妨進行心理諮詢或參加家屬支持團體，幫助心情得到抒解、找到出口。

怎麼預防或延緩失智症？

由於失智症無法治癒，預防或延緩變得格外重要，預防失智症主要有以下四類方法，這四類方法不是擇一採用，而是要同時採用，多領域的活動方式才有機會延緩認知狀況的退化。

1. **從事益智活動來鍛鍊腦細胞的連結反應。** 2011 年英國著名的計程車司機研究，將司機分為實驗組的受訓司機及對照組的一般司機，受訓司機必須熟記倫敦市中心兩萬五千條街道和數千個景點的位置，發現受訓後司機腦部掌管記憶的海馬體變大，這項研究證實海馬體可以像肌肉一樣，越鍛鍊越發達。因此，平日要選擇有難度的、需要動腦的活動，例如學習手機、打麻將等，如果只是看電視或做自己本來已經擅長的事，動腦的機會很低，對預防或延緩失智的幫助有限。

   寫下你可以做什麼益智活動來健腦：

2. **多接觸人群、保持社會互動。** 1991 年美國著名的修女研究 (The Nun Study)，678 位偉大的修女，奉獻自己於年老研究，其中瑪莎修女 (Sister Matthia) 104 歲去世前沒有失智症狀，但是她的大腦經研究後發現早已呈現病變，研究發現原因很可能是修女必須與教友頻繁互動，因此，保持與人群的接觸，證實對延緩

失智症狀出現很有幫助。

寫下你可以參加做什麼活動來保持與人的互動：

3. **避免過胖、保持活動**。肥胖不難理解是與血管型失智症有關，然而有人認為阿茲海默失智症患者出門很危險，因為定向感變差，容易不記得自己所在的位置或忘記自己要去哪，是不是讓患者待在家比較好呢？這是個迷思，若是活動量突然減少，體力和生活能力就會退化得更快。如果你已出現行動不便、無法運動的情況，努力做復健，凡事嚐試自己動手做（必要時可使用輔具，例如用長柄取物夾拉窗簾、撿取掉落在地上的東西等），不要仰賴他人代勞，也是可以保持活動的方式。

寫下你可以做些什麼保持身體活動力量：

4. **注重飲食、補充特定營養素**。多吃維生素 C（綠色蔬菜、綠茶、馬鈴薯、紅棗、芭樂、木瓜、龍眼、奇異果、柚子、草莓、柳橙、檸檬、蘋果等水果）、維生素 E（杏仁、橄欖油、花生、葵花籽、菠菜、香菜、鮭魚卵、木瓜）、胡蘿蔔素（深綠色或紅黃

色的蔬果如胡蘿蔔、綠花椰菜、空心菜、甜椒、紅薯、芒果、南瓜、碗豆、哈密瓜等）、大豆卵磷脂（蛋黃、大豆製品、魚頭、芝麻、蘑菇、山藥、木耳、穀物、小魚、動物肝臟、鰻魚）和DHA（鮭魚、秋刀魚、鯖魚、鮪魚、鰹魚、沙丁魚、竹莢魚、旗魚、金槍魚、黃花魚、鱔魚、帶魚、花鯽魚、核桃）對大腦運作有益。

寫下你要多吃哪些食物來獲得足夠的營養素：

每日一句
記憶或許會消失，但對家人的愛不會消失。

當憂鬱來臨

憂鬱，是在任何時候都可能悄悄來襲的情緒，當憂鬱來臨，可能做什麼都提不起勁，感受不到快樂；其實，憂鬱沒有那麼可怕，若你能和它當朋友，它也能成為你的助力。

你憂鬱嗎？

人生總是面臨許多壓力，心情難免起起伏伏，當「鬱卒」的情緒來襲，該如何判斷自己是一時情緒低落還是有憂鬱傾向呢？檢視自己有沒有下列情形，在「有」或「無」的格子打勾。

最近兩週	有	無
1. 幾乎整天且每天心情憂鬱		
2. 幾乎整天且每天對所有活動降低興趣或愉悅感		
3. 體重明顯減輕或增加		
4. 幾乎每天都失眠或嗜睡		
5. 幾乎每天精神／動作激動或遲緩		
6. 幾乎每天疲倦或無精打采		
7. 幾乎每天自我感到無價值感，或有過度或不恰當的罪惡感		
8. 幾乎每天思考能力或專注力降低		
9. 反覆想到死亡，有自殺的意念、計畫、行動		

如果以上狀況達到五項以上，很可能不是單純的情緒低落。若悲傷或空虛的情緒持續兩週以上，使日常活動受到影響，便符合憂鬱症的條件。須注意的是此表不是診斷，有憂鬱症傾向還是需要尋求專業醫療協助。

台灣人憂鬱症量表
台灣人憂鬱症量表引用自行政院國家科學委員會 93 年 11 月 17 日台會綜三字第 0930052121 號函，經董氏基金會進行實測、建立常模，由專業醫師教授審訂。

為什麼會得憂鬱症？

很多人認為憂鬱症是「心裡有毛病」，排斥去醫院看精神科醫生，怕被人貼上「神經病」的標籤。其實憂鬱症和生理、環境因素也有關係，不全然是心理因素造成。有位朋友有一陣子情緒低落，站在陽台上會有「跳下去就一了百了」的念頭，還好他察覺自己不太對勁，主動前往醫院檢查，醫師診斷是血清素過低所造成的。正常人情緒低落時，體內的神經傳導物質（如：去甲腎上腺素、血清素、多巴胺等）會適當地調節，讓心情恢復，像他這種失調狀況，醫生建議多做戶外運動、多曬太陽，讓身體造血機制恢復正常，就會改善許多。

除了內分泌失調，遺傳、酒精及藥物濫用都是造成憂鬱症的生理

因素；心理因素方面，神經質、自我要求過高、追求完美的人是憂鬱症的高危險群；環境變化例如陰雨天氣，也容易誘發憂鬱症。所以，不需要排斥看精神科醫師，憂鬱症和一般生病沒有二樣，精神科醫師診斷後，若是心理相關因素造成，醫師會轉介給心理諮商師作進一步的心理評估與治療，另一方面，如果你是尋求心理諮商師協助，當發現不單純是心理因素造成，諮商師也會建議你掛精神科看診，由醫師來開立診斷書和藥物。

> **研究數據**
> 根據世界衛生組織統計，女性一生中至少得到一次重度憂鬱症的機率是 25%，男性 15%。美國內分泌學會研究發現，罹患中度到重度憂鬱症女性，多有維他命 D 不足問題，透過補充維他命 D，憂鬱症狀獲得改善。日曬能攝取九成的維生素 D。

假失智、真憂鬱

你有聽過老年憂鬱症嗎？年齡超過 65 歲才首度發病的為晚發型，年輕時即罹患過、邁入老年再發的為早發型，它的特性是無法清楚且主動地表達自己的情緒困擾，以身體不舒服的抱怨來代替內心不舒服的表達，或者抱怨記不住生活事物等，也就是說老年憂鬱症的表象似乎都與情緒無關，反而像是老化或失智症狀，因此老年憂鬱症又稱「假性失智」。就像假性近視一樣，若是輕忽、不及時處理，久了會變成真的。

以下二種情況，猜猜看這是憂鬱症還是失智症個案？在相應的格子打勾。

狀況	失智	憂鬱
1. 阿明遇到不想做的事，身體就會不舒服，如要做復健時，就覺得腳痛；和家人出遊賞花，走了一下午卻沒喊一聲痛。		
2. 曉華被問到「鑰匙掉了要怎麼處理」，他認真的想了很久，回答：「要檢討」。		

第一題是憂鬱症個案，第二題是失智症個案，你答對了嗎？老年憂鬱症患者以身體不適表達情緒問題，等到心情好了，症狀自然消失，這種情況稱為「身體化」現象；憂鬱症與失智症的比較如下表所示，二者有個重要的差別——失智症是大腦病變所造成，為不可逆，憂鬱症則是可逆的，及早發現、及早處理就會恢復正常。

	憂鬱症	失智症
成因	因為情緒因素影響到生活功能	因為認知因素影響到生活功能
記憶症狀	常回答不知道，並會強調自己的障礙	回答錯誤答案，並會掩飾自己的障礙
發病速度	較快（數周）	緩慢（數月至數年）
是否可逆	可逆	不可逆

憂鬱退散

憂鬱完全不好嗎？憂鬱的人比較多愁善感，會為將來可能發生的壞事感到擔憂，由於對威脅高度警戒，反而能保護自己不受傷害。然而，過度憂鬱的壞處，相信不用贅述大家都知道，如果能適時紓解壓力，就不會走進憂鬱的圈圈裡。想想看以下問題：

1. 你之所以憂鬱是因為想得到什麼或者是害怕失去什麼呢？

2. 想得到或怕失去的人事物，是你所能控制的嗎？若不是，你可以怎麼想來放下他、也放下自己的糾結呢？

3. 憂鬱時，你的感受是什麼？

4. 你可以用什麼方式更好地表達出自己的感受？

5. 哪種紓壓的方式對你有用呢？

6. 哪種環境讓你感到放鬆呢？

7. 做什麼事能讓你感到快樂？

8. 你的白日夢是什麼呢？

9. 寫下你聽過最好笑的兩個笑話？

_____

_____

_____

除了透過以上的心靈洗滌來沖掉憂鬱外，在生理方面，也可以從運動、曬太陽、飲食來抗憂鬱。維生素 B 群、維生素 C、鈣、鎂、鋅、硒、色胺酸及蛋白質、Omega-3 等，都能幫助穩定情緒、提升血清素濃度，深海魚、海帶、深色蔬果、堅果類、香蕉、全麥麵包、牛奶、蛋、巧克力、豆漿等富含這些營養素，堪稱快樂食物，能降低憂鬱症風險。

每日一句
曾經擁有的不要忘記，難以得到的更要珍惜，屬於自己的不要放棄，已經失去的留作回憶。

不為錢煩惱

人生下半場的理財依舊重要，除了穩定守成之外，也要懂得用法律保護財產，才可以在謹慎用錢與享受人生間取得平衡。

你有一桶金嗎？

年輕時會想，等自己存到一桶金就可以提早退休，但真正能做到的人很少，排除已經財富自由、卻仍喜歡工作的人不算，大部分的人在退休時，即便領到退休金，卻仍然擔心錢不夠用。

不妨利用 P.122 及 P.217 的表格盤點一下自己的理財方式。理財方式並不是越多越好，每種理財工具的風險與流動性也不相同，重要的是這樣的理財方式為你帶來多少的財富，因此，最好能估算價值，寫在預估金額欄裡。

無論你曾是冒險型、積極型、穩健型、溫和型還是保守型的理財觀，到了人生下半場，建議都調整成保守模式，因此風險較高的最後四種理財工具並不推薦。

儲蓄在目前低利率甚至負利率的時代，創造的收入有限；保險的功能並不是創造收入，而是在於提供保障和規避風險；其他的理財工具中，建議你首先要有的是自住的房子，原因是如果你每個月固定要支出可觀的開銷，會造成很大的心理壓力，當需要用大

理財方式	風險	流動性	有	沒有	預估金額（新台幣）
1. 儲蓄（含定存）	低	高			
2. 保險（保障型）	低	低			
3. 債券	低	高			
4. 房地產	中	低			
5. 黃金	中	中			
6. 基金	中	高			
7. 股票	高	高			
8. 外匯	高	高			
9. 期貨	高	高			
10. 收藏品	高	低			
	估計財產總額				

筆金錢時，可以用大房換小房，交易價差的所得，多出一筆現金可以支應，如果不想換房，也可以辦理「以房養老」貸款。

傳統的房貸是銀行給你一筆錢買房，貸款人每月定期還銀行本金和利息；以房養老則是將房產逆向抵押貸款，銀行每月給你錢，

當貸款人往生後,若繼承人願意支付已貸款的金額,房子就由繼承人繼承,可以一次償還,也可以分期償還貸款金額,或把房子法拍,扣除已貸款金額後,將餘款給繼承人。由於房屋的所有權還是在貸款人身上,你還是可以住在原來的房子裡,同時獲得「按月定額給付」的撥款,這也就是為什麼建議一定要有自住房子的原因。

需要注意的是,民法抵押權有最長 30 年限制,也就是說若 65 歲開始辦理以房養老,到了 95 歲期滿時,需要還錢或交出房屋給銀行,雖然「以房養老」貸款最低滿 55 歲即可申請,而最高可貸到 8 成左右,建議每月生活費不能只靠它,還需要其他的收入。

創造被動收入

退休就代表不再仰賴工作而得到收入,年輕時,這桶金就算少了,還有很高的機會再靠工作賺錢補回來;退休後,如果這桶金只出不進,很容易缺乏安全感,因此,創造被動收入(也就是一旦規劃好,不必自己勞心費力,時間到錢就會自動進來的收入來源),可以使這桶金維持在一定的水位,比較不會有財務壓力。

很多人喜歡投資房地產,當包租公、包租婆來創造被動收入,這對銀髮族而言不太友善,畢竟找租客、維修房子等還是有許多瑣事要處理;也有人喜歡買黃金,覺得可以抗通膨,又可以傳給下

一代，但其實黃金的所得稅、贈與稅、遺產稅統統要繳，國稅局要查起來，黃金並無避稅功能，加上流動性中等，相較之下還不如變現快的基金和債券。

你可能會覺得很奇怪，怎麼沒推薦股票呢？很多人抱中鋼、台積電、中華電、鴻海、台塑、兆豐金等產業龍頭股票，每年領股利股息作為被動收入，然而前提是你必須選對股票和進場時機，畢竟股票還是屬於高風險的投資工具。

如果你想擺脫盯盤壓力，每天可以安心睡覺，不妨讓自己的財富管理做得輕鬆些，建議買「台灣 50（0050）」和「元大高股息（0056）」兩檔基金來「存股」，每年穩穩領股息。

指數股票型基金（ETF）操作小技巧
0050 全名叫做「元大寶來台灣卓越 50 指數股票型基金」，主要挑的是「全台市值前 50 大」的上市公司，股票不會變壁紙，套牢也不用擔心，因為它的表現幾乎和大盤一致，可在大盤 K 值 <20 時買入，大盤 K 值 > 80 時賣出；0056 全名叫做「元大台灣高股息指數股票型基金」，它是從台灣 50+ 中型 100 裡面挑選「前 30 檔高殖利率股」，投資心法是「隨時都可買、買了不要賣」。

有人試算從 2007 年 12 月 26 日投資這二檔基金，到 2016 年 1 月 31 日止，即便經過 2008 年的金融海嘯，0050 累積報酬率達 25.3%、年化報酬率 2.8%，0056 累積報酬率 18.4%、年化報酬率

2.1%，意思是就算買在高點，也比銀行 1% 的定存強，還有人計算 2011 年至 2018 年底這 7 年間的年化報酬率，0050 為 8.53%，0056 為 5.3%，比起許多績優股毫不遜色。

要多少錢才夠第三人生所需？

作養老金規畫時，必須要想好三件事，一是幾歲退休、活到幾歲；二是你想過什麼樣品質的退休生活，計算出退休後每年所需花費的總金額是多少；三是準備好退休後所需的醫療保險。

如果你正在準備自己的退休金，可按資產分配「50、30、20」法則，將 50% 收入用在每月必要的生活開銷，30% 用於投資理財，剩下 20%，一半用於保險，另一半保留彈性運用的空間。如果你已退休，退休金加上被動收入最好要能支應每月支出，就能達到不為錢煩惱的境界了。

你有計算過每月支出是多少錢嗎？彰化銀行推出的養老金／退休儲蓄試算表（手機掃描 P.221 右下的 QR code），非常簡單好用，你可以上彰銀網站輸入資料（可將保險金和負債每月攤提，放在其他支出的項目），看看自己需要存多少錢才夠養老（預設通貨膨脹率為每年 2.3%）。下表以今年 55 歲、希望 65 歲退休、活到 80 歲的人試算，每年支出近 50 萬，養老金需要近 1000 萬，每月

要存 160,875 元，但若把年齡降到從 45 歲開始存退休金，每月只
要存 50,968 元。

這個試算表告訴我們退休金越早準備越好之外，還有一個很重要的
意義，要維持每月 32,000 元的生活水準，外加每年 10 萬元旅遊預
算，必須準備 1000 萬才夠養老，而且這還不包括大筆醫療開銷。

基本資訊	案例	支出項目	案例
今年歲數	55	食宿開銷	12,000 元／月
預估退休歲數	65	醫療儲備金	10,000 元／月
希望餘年至幾歲	80	娛樂	2,000 元／月
預估存款年利率	1%	自由運用	3,000 元／月
通貨膨脹率	2.3%	自我進修	2,000 元／月
養老金試算結果	案例	其他支出	3,000 元／月
預估養老金	9,902,640 元	旅遊支出	100,000 元／年
每月應存入金額	160,875 元	支出總計	484,000 元／年

大筆醫療開銷則建議由保險支應。時代在變化，舊型的癌症險多半是針對住院、手術、身故理賠，隨著醫療的進步，住院的天數大幅降低，化療或微創手術等都不需住院，「住院醫療險」其實不用買太高，最大開銷反而是出院後的照顧費用，此時更需要的是「失能照護險」這種按月或按失能程度給付的保險金。不管是「手術醫療險」、「癌症險」、「重大疾病險」，最好能負擔健保以外的自費項目，才能讓保障更全面，因此實支實付型的醫療險，對於高自費額度的理賠通常較占優勢。如果你擔心買的醫療保險「過時」，不妨找保險專家諮詢。

怎樣保護財產？

辛苦大半輩子，最怕在年老時上當被騙，在意識清楚的情況下，要辨別是否有受騙的風險都很挑戰了，更何況是失智失能、認知功能退化的情況？以下幾種方法可以保護自己，即便認知功能逐漸退化，也能確保錢能花在自己身上。

1. **安養信託：** 陳奶奶失智後，子女將其名下房子的租金，用來支付照顧媽媽的支出，透過律師規劃信託契約，女兒作為受託人，定期將租金用在給付照服員的固定支出，兒子和律師一同擔任監察人，確認受託人按照信託契約來管理信託財產。這種保護財產的方式，稱為安養信託，讓財產管理都按信託契約執行。

2. **輔助宣告**：這是針對認知功能雖已退化，但並未退化到完全無法表示或理解他人意思的人，所給予的保護。由專科醫師鑑定，再由法官來進行裁定，受輔助宣告的人並未完全喪失自主決定權，在法律上類似「限制行為能力人」，針對重大法律行為，須經輔助人同意，例如借錢、贈與、信託、訴訟、買賣重要財產等。

3. **監護宣告**：重度失智患者不斷刷卡及重覆購物怎麼辦？家屬可透過「監護宣告」，避免他受騙受害。「監護宣告」是針對認知功能已退化到無法表示或理解他人意思，需由專科醫師提供鑑定報告，再由法官進行裁定，受宣告的人在法律上就是「無行為能力人」，一切的意思表示，都必須由法定代理人，也就是監護人來行為，因此推銷產品給「監護宣告」者，在法律上是無效的。

每日一句
退休計畫做得巧，養老壓力自然小。

想一想

1. 你有值得信賴的人可以作為安養信託受託人和監察人嗎？他們是：

2. 你有值得信賴的人可以作為輔助人嗎？他是：

3. 你有值得信賴的人可以作為法定代理人，也就是監護人嗎？他是：

積極建立
安全防護網

根據統計台灣人離世之前，平均臥床七年，花費 300 萬。及早規劃做好準備，萬一生活無法自理，可以尋找合適的長照資源，接受別人照顧，讓自己活得有尊嚴。

何謂「生活自理」

一場車禍，翻覆了陳爺爺與家人的生活，他腦出血，導致癱瘓無法起身，一夕間變成了需要被照護的人；勇伯 70 歲時不幸中風，後續確診血管型失智症，變得難以克制脾氣，讓照顧他的家人很有壓力。直到接觸長照社區服務據點，陳爺爺和勇伯才終於在與人的互動中找回久違的笑容。

像這樣的案例隨時可能發生在我們身上，失能或失智都可能使人生活無法自理，需要他人協助，它可能來得很快，也可能是慢慢發生的。什麼樣的情況下算是生活無法自理呢？透過 P.227 的問卷，看看自己在執行以下生活自理項目時是否出現困難。

若有 3 項或以上出現困難，表示在生活自理上需要尋求協助了。有時生活無法自理只是暫時的（例如開刀後），有時卻需要持續一段時間，在尋求協助的同時，也要盡力做到自我照顧，才不會使生理功能退化更快。自我照顧技能會隨著不同的人生階段而有

生活自理項目	有困難	不困難
1. 洗手、臉、洗澡、如廁、刷牙。		
2. 穿脫衣褲、鞋襪。		
3. 使用碗筷、自行飲食。		
4. 無法平地走路，行動不便。		
5. 表達能力降低，溝通不順暢。		

不同，也會因個人身心障礙程度及需要而有不同，生活無法自理的狀況在任何人身上都可能發生，不要以為自己碰不到，就輕忽相關的自我照顧觀念和技巧。

研究調查
根據政治大學統計學系調查，民眾擔心老來一個人，最主要的原因為無人作伴（59.9％），其次為生病、發生意外沒有人知道（45％），第三則為生活無法自理（43.2％）。擔心錢不夠用只占 15.4％。

建立安全防護網

不能期待子女、伴侶時時刻刻在旁協助，建立自己的照護安全防護網非常重要，這個安全網必須包含人際關係面、經濟面及法律面。

1．人際關係面

家人無疑是非常重要的防護網，除了家人以外，也要積極建立一些不計利害關係、願意為對方付出的好友，讓友情也成為重要的安全網。

朋友間不僅可以相互關懷、傾訴，生病時也會願意陪你去醫院、到家裡幫你冷敷退燒等，需要協助時，千萬不要嫌麻煩，平日與人保持日常寒暄的關係，以便自己幾天沒出現時，可以有人察覺。如果有一天，你無法自理生活了，你的週遭有以下這些可以協助你的人嗎？

人際網檢視	是	否
1. 你身邊是否還有與你朝夕相伴的人？		
2. 你身邊是否還有對你噓寒問暖的親人？		
3. 你的朋友是否還與你時常連絡？		
4. 你身邊是否可以找到可信賴的人？		
5. 是否有人可以陪你就醫、照顧生活所需？		

如果你的答案有 3 個以上為「否」，表示你的人際關係網不及格了！平時應多與人為善，維持良好的關係，多多幫助別人，等到真有需要請人幫忙時，才不至於不好意思開口求助。

2. 經濟面

為了支應可觀的照顧開銷，可以按照人生階段、個人預算，及早備妥相關醫療保險，將風險轉嫁給保險。（該怎麼選適合的醫療保險，請參考「PLAN 21 學習與病痛和平相處」）

另外也可以規劃財產信託，契約內容將三種開銷訂為可直接支付，不須經信託監察人同意，包括支付看護費用、養護機構費用及醫療支出等，只要憑單據或請款單即可支付，沒有金額限制，這樣就不用擔心留作醫療準備金的錢，被挪作他用。

3. 法律面

倘若擔心認知功能退化，導致無法做出判斷，本人、配偶、四親等內之親屬及最近一年有同居事實之其他親屬或社會福利機構，可以向你住所地申請「監護宣告」（民法第 14 條）或「輔助宣告」（民法第 15 條）。

申請監護宣告後，法院會先請醫院進行精神鑑定（自費，由醫院收取），確定是否有監護宣告的必要，若確有必要，法院將以你的最佳利益為出發，從親屬中選出最適合的人擔任監護人，監護人取得監護權後，便可以為了你的醫療支出、生活開銷等情事，代為管理你的財產，以作照顧之用。輔助與監護宣告的差別在於，在輔助宣告下，你只有在重大決定時，才須經輔助人同意。（「監

護宣告」與「輔助宣告」的細節，請參考「PLAN 25 不為錢煩惱」）

照顧資源哪裡找？

當生活無法自理時，可撥打「1966」長照服務專線，申請長照 2.0 照顧資源的服務，各縣市長期照顧管理中心（簡稱照管中心），會安排專員進行評估，推薦適合的照顧服務。懂得善用資源，才不會把自己及身旁照顧的人壓垮。長照 2.0 的照顧服務資源，主要有以下三項：

1. **機構式照顧：** 需要全天候看顧的人，可以選擇住宿型的專業照顧機構。一般根據疾病、日常生活自理能力、福利身分別來區分適合的機構，有養護型機構、護理之家、身心障礙福利機構等。

2. **社區式照顧：** 若僅需要白天有人看顧，便可利用社區式的照顧資源。專人看顧類有日間照顧中心、家庭托顧、交通接送等，社區活動參與類有社區照顧關懷據點、銀髮俱樂部等。

3. **居家式照顧：** 不方便出門，可由專業醫療人員到宅服務。政府補助的居家照顧服務，依照長輩失能、經濟狀況而給予不同的補助金額與服務額度，包括居家醫療、護理與復健，居家生活

照顧服務，居家喘息服務，輔具租借等，另外，外籍看護、民間自費居家照顧也是常見的服務資源。

除了照顧服務資源外，衛福部「居家失能個案家庭醫師照護方案」，是指醫師定期家訪，並由護理師或個案管理師，每月進行個案健康及慢性病管理與諮詢，並根據個案的狀況變化，適時轉介醫療及長照服務，以提供民眾周全之照護。

走入人生下半場，免不了衰老、病痛、臥床，或因為一場意外而造成生活無法自理，若怨天尤人，拖著病懨懨的身子，就算活到高壽，日子也未必好過。不如積極建立安全防護網，與家人、朋友、醫護人員好好溝通，接受照顧及復能訓練，無論在治療或復健的階段，面對病痛的心態不同，人生便有了截然不同的結果，不但維持自己的尊嚴與生活品質，也避免拖垮家中經濟與家人生活步調。

每日一句
串起完美防護網，善用資源，享有老後尊嚴生活。

人生
最後一哩規劃

萬一面臨病危時，你和家人對於要不要急救有共識嗎？這件事常在還沒想好時就發生了。什麼是「安寧緩和醫療暨維生醫療抉擇意願書」？什麼是「預立醫療決定書」？如何做出對生命最好的決定，是每一位準老人必須提前思考的問題。

隨時為死亡做好準備

你有想過死亡的議題嗎？相信多數人對死亡是充滿恐懼的。《最後十四堂星期二的課》（Tuesdays with Morrie）作者米奇・艾爾邦（Mitch Albom），得知所敬仰的教授墨瑞・史瓦滋（Morrie Schwartz）罹患漸凍症後，每個星期二去探望他，並把最後這段日子的經歷寫成書。書中有段話讓人印象深刻，莫瑞說：「每個人都知道自己會死，但沒人當真……你要知道自己會死，並隨時做好準備……這樣你在活著的時候，就可以真的比較投入生活。」

關於人生最後一哩規劃，讓我們談談安寧緩和醫療、預立醫療決定和安樂死的議題。

安寧緩和醫療條例

《再見，愛瑪奶奶》（Goodbye Grandma Erma）這本書記錄了愛瑪奶奶從生病到臨終的生活片段，在最後階段她一點也不悲傷，而是開始寫信給每一個人，表達自己最後的愛。最後這天，愛瑪

奶奶鼻血流個不停，她不肯去醫院，決定在家靜靜渡過最後這天，由安寧照顧護士幫助她踏上另一段旅程。

現代醫學推廣的 DNR 原文為 Do Not Resuscitate，即「安寧緩和醫療暨維生醫療抉擇意願書」，是由病人本身或家屬簽署同意書，在病人臨終、瀕死或無生命徵象時，不施予心肺復甦術（CPR），包括氣管內插管、體外心臟按壓、急救藥物注射、心臟電擊、心臟人工調頻、人工呼吸或其他救治行為。就像愛瑪奶奶的例子，「拒絕醫療」只是讓生命歷程回歸自然，排除過度維生治療的介入，保障每個人與生俱來的人格尊嚴。

病人自主權利法

根據健保署資料，台灣加護病床密度世界第一，每年約有 30% 的健保支出是在病患逝世前幾個月使用的，加護病房內有一半救治行為屬於無效醫療，無效治療費用占加護病房總費用 80%。其實這些無效醫療很多是基於家屬要求，醫師為了避免醫療糾紛，只好配合實施。

曾任消基會董事長的陸雲，致力推動「病人自主權利法」，他認為台灣「臨終教育」不足，許多家屬忽略了治療過程中病人的痛楚，「急救」常常淪為「無效醫療」。作家瓊瑤在 106 年得知「病人自主權利法」完成立法時，在臉書公布「寫給兒子和兒媳的一

封公開信」，文中表明「我會笑看死亡。我的叮囑如下：幫助我沒有痛苦地死去，比千方百計讓我痛苦地活著，意義重大！千萬不要被生死的迷思給困惑住！」

「病人自主權利法」於 108 年實施，病人可以透過「預立醫療決定書」決定如何死亡，不用再讓醫生和家屬來決定。其中有五個要點：

適用對象	末期病人、不可逆轉昏迷、永久植物人、極重度失智、其他經衛福部公告之疾病者，可以預立醫療決定。
確保病人意願	意願人簽署「預立醫療決定書（AD, Advance Decision）」，並可指定醫療委任代理人（不能為保險受益人或器官受贈者），在昏迷時啟動醫療決定。除意願人可依法定程序變更「預立醫療決定」外，其他人不得更改內容。
醫師告知病情	醫師必須主動告知本人病情，不能只知會家屬。
拒絕加工延命	病人得拒絕一切有可能延命的醫療及照護措施，經醫療評估確認病情無法恢復，醫師可依病人預立意願，終止、撤除、不進行維持生命的治療或灌食。
代理人權限	醫療委任代理人於病人意識昏迷時，啟動病人的預立醫療決定，他人不得干涉。

「預立醫療決定」要符合三大規定，才算完成而具有效力。

經醫療機構提供預立醫療照護諮商，並經其於預立醫療決定上核章證明。

經公證人公證或有具完全行為能力者 2 人以上在場見證。

經註記於全民健康保險憑證。

「病人自主權利法」號稱亞洲第一部病人自主權利專法，不少名人相繼發表贊成尊嚴離去的觀點。金鐘導演柯一正抗癌逾十年，在簽署完「預立醫療決定」後談到：「清楚交代人生最後一哩路的心情，只有『舒坦』兩字。」

研究調查

根據今周刊 105 年「民眾對病人自主權利法意見調查」，當時有 55% 的民眾表示不知道「病人自主權利法」，但高達 83.5% 的民眾認同這項作法是尊重民眾的醫療自主權，保障民眾的善終權益和生命尊嚴，75.5% 的民眾認為這項作法能讓醫療資源達到更有效的利用。

健康的人有必要預立醫療決定嗎？以「無常」的角度看，預立醫療決定是對自己善終的保障，也是對生命和對家人負責的態度。安寧緩和醫療和預立醫療決定不能劃上等號，下表比較二者不同之處。

	安寧緩和醫療暨維生醫療抉擇意願書 （DNR, Do Not Resuscitate）	預立醫療決定書 （AD, Advance Decision）
法源	安寧緩和醫療條例（99 年實施）	病人自主權利法（108 年實施）
適用對象	末期病人	末期病人、不可逆轉昏迷、永久植物人、極重度失智、其他經衛福部公告之疾病者
拒絕醫療範圍	1.心肺復甦術（CPR） 2.延長瀕死過程的「維生醫療」 3.接受／拒絕「緩和醫療」	1.維持生命治療 2.人工營養及流體餵養（點滴、鼻胃管、胃造口） 3.接受／拒絕「緩和醫療」
保障程序	1.意願人簽署「意願書」便生效 2.病人失去意識時，可由最近親屬簽具「同意書」	1.參加「預立醫療照護諮商」 2.簽署「預立醫療決定書」且註記至健保卡 3.可指定「醫療委任代理人」

你會想要簽「安寧緩和醫療暨維生醫療抉擇意願書」和／或「預立醫療決定書」嗎？為什麼？

安樂死

體育主播傅達仁赴瑞士協助自殺機構「尊嚴」（Dignitas）進行「安

樂死」後，這個議題引發各界討論。日本電影《終活筆記》（Ending Note）中，記載了「尊嚴死」的資訊；《死亡處方箋》（Choosing to Die）這部紀錄片，則是記下病患安樂死的過程。影片播出後引起很大的爭議，衛道人士批評，這等於是在鼓勵人們自殺，但也有人認為安樂死就是「死亡規劃」的選項而已。

同樣允許安樂死的國家比利時，規定必須經過六個月的醫療諮詢，才能決定是否要執行安樂死；荷蘭則是要求病患的主治醫師確認符合條件後，還必須由另一位醫生獨立審查病人的條件，二位醫師同時做出符合安樂死條件的判斷，才能執行這項決定。

瑞士是全世界唯一允許外國人申請安樂死的國家，只要符合「得到不治之症」、「有不可忍受的痛苦」、「是清醒而非脅迫下的決定」，經過二次與醫生 20 分鐘的會談確認，即可執行。雖然瑞士人多半贊成安樂死，目前只剩二位醫生肯替人開立死亡處方箋，也只剩一個藥局肯賣醫生開立的藥，畢竟終結生命是困難的決定。

每日一句
有準備的長壽是福氣，沒有準備的長壽是不幸。

規劃你的
遺產分配

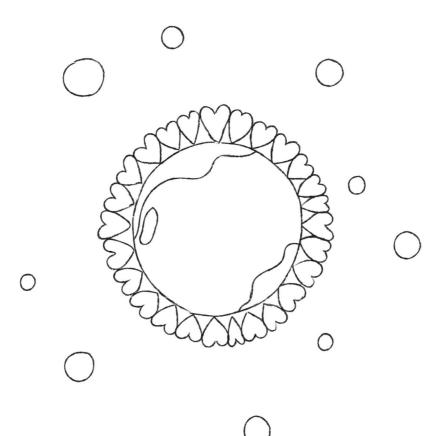

有想過當你離開這世上時，可以為後人留下什麼嗎？是大家永遠的懷念還是一堆不知怎麼處理的問題？遺囑、繼承似乎是禁忌的話題，然而事先做好安排，才能避免紛爭，將你的愛留在人間。

你的觀念跟得上時代嗎？

明天先來還是無常先來，誰都說不準，如果遺囑沒講清楚、財產沒分配好，可能會繳冤枉稅，甚至讓家人撕破臉。為了避免這樣的窘境，越來越多人願意談論這些議題，不避諱、不閃躲。然而遺囑、繼承、贈與都必須依法行事，但是法律不斷在修訂，不妨測測以下的題目，看你是否掌握到最新的觀念。

觀念題	是	否
1. 法律規定必須遵照遺囑所列各繼承人的遺產金額來執行。		
2. 保險金一律不會視為被保險人之遺產。		
3. 自書遺囑電腦打字後，印出後簽名蓋章即可生效。		
4. 配偶或子女可擔任遺囑見證人。		
5. 遺囑用口述錄音的方式亦有效。		
6. 法定繼承人須概括繼承資產及負債。		
7. 房子採繼承方式課稅比較少，贈與方式課稅比較多。		
8. 死前贈與的財產不須再繳遺產稅。		

上述題目的答案皆為「否」，你答對了幾題呢？觀念題 2、7、8 的答案請參考「PLAN 13 贈與、繼承、傳家寶」相關內容，本篇重點將放在說明並澄清遺囑、繼承的相關觀念，才不會讓你遺愛人間的美意，被法律宣判無效，變成白忙一場。

遺囑不是有錢人、也不是老年人的專利

有關注時事的人，對於「某人意外身亡，親屬爭產反目」的社會新聞必定不陌生，只要法定繼承人之間對如何處理後事、如何繼承財產有不同的意見，就會引發爭端，如果預先立好遺囑，讓家屬能善加遵循，便能大幅減少遺產的爭議。因此設立遺囑無關財產多寡，這絕非有錢人家的事，也不是老年人的專利，任何人都握有對自己財產的決定權。

遺囑是法律的文件，有法律要求的格式和要件，如果沒搞清楚怎麼寫，會導致遺囑變成廢紙；或者不同的人對遺囑法律要件看法不同，容易引發爭議，例如長榮集團創辦人張榮發的遺囑裡，寫到財產全給二房四子張國煒並由其擔任長榮集團總裁，大房三子張國政表示無法接受而向法院提告。遺囑最容易引發爭議之處在於繼承順序、應繼分、特留分，必須先針對這三項規定釐清觀念。

別讓繼承成為家庭失和的導火線

法定繼承是沒有遺囑的一種繼承方式，若有遺囑，也須注意根據
民法第 1187 條，遺囑人於不違反關於特留分規定之範圍內，得以
遺囑自由處分遺產，因此在寫遺囑前，要先確認繼承人順位、民
法應繼分及特留分規定，否則會造成遺囑所載金額與法律規範有
出入，而引發繼承人間的爭端。因此遺囑所列各繼承人的遺產金
額並不都是有效的，往往在法定繼承人透過主張剩餘財產差額分
配、應繼分、特留分後，與遺囑原先所載各繼承人所得之金額會
不相同（觀念題 1 之說明）。

下圖繼承人順位又稱為愛的十字架，根據民法第 1138 條，配偶
為當然繼承人，第一順位為子女（直系血親卑親屬以親等近者為
先），第二順位為父母，第三順位為兄弟姊妹，第四順位為祖父母。

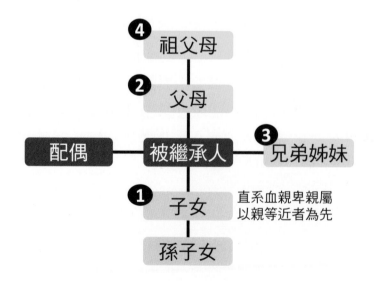

如果有配偶，配偶為當然繼承人，夫妻間財力弱的人可向財力強的人主張先分配婚後剩餘財產差額的一半，剩下的才叫遺產。應繼分是指按照繼承人的人數計算，每個人可以獲得遺產的比例，譬如有配偶與三子女，每人的應繼分是 ¼。特留分則是對遺產繼承人的最低保障；第一、二順位繼承人的特留分是應繼分的 ½，第三、四順位繼承人的特留分是應繼分的 ⅓。

繼承順序	應繼分		特留分 = 應繼分 × 比例	
	配偶	各順序繼承人	配偶	各順序繼承人
第一順序直系血親卑親屬	平均分配		應繼分的 ½	應繼分的 ½
第二順序父母	½			
第三順序兄弟姊妹	⅓			應繼分的 ⅓
第四順序祖父母	⅔	⅓		

因為沒有考量到應繼分和特留分，導致遺產爭議的案件不勝枚舉。有個案例是一位寡婦，有五女一子，如果沒寫遺囑，照法律規定每位子女可以拿遺產的 ⅙，寡婦在遺囑中把財產全給兒子，女兒們不服，請求特留分，則每位女兒可拿到 ½₂ 的財產（應繼分 ⅙ ×第一順位特留分 ½）。

另一個案例是王先生身價 3 億，無子女，自書遺囑將遺產全數給

情婦，王太太請求剩餘財產差額分配½，即 3 億 × ½ ＝ 1.5 億，剩下的 1.5 億則為遺產，若無遺囑，王先生在無第一順位子女的情況下，照法律規定遺產應全數給配偶，但由於遺囑並不是這樣寫，王太太主張特留分為應繼分的½，即 1.5 億 × ½ ＝ 0.75 億，最終王太太獲得 1.5 億 +0.75 億共 2.25 億，情婦只能得到 3 億 -2.25 億共 0.75 億。

規劃你的遺產分配

思考一下自己的情況，在下表列出法定繼承人的姓名，再查上表，列出應繼分和特留分的比例數字。若單身的人，無子女、父母、兄弟姊妹、祖父母等繼承人怎麼辦？除非設立遺囑特別寫要給某人，否則遺產會充公。

法定繼承人順位	姓名	應繼分	特留分
配偶（當然繼承人）			
1.直系血親卑親屬（若有，則到此為止；若無，請填下一列）			
2.父母（若健在，則到此為止；若已故，請填下一列）			
3.兄弟姊妹（若有，則到此為止；若無，請填下一列）			
4.祖父母			

接著利用「PLAN 13 贈與、繼承、傳家寶」介紹過的「贈與／繼承規劃表」，試算一下每位繼承人分配的金額是否符合應繼分與特留分的規定，符合規定後的遺產餘額再自由處分（例如捐贈給某法人或自然人），才不會引發爭議。規劃好遺產要怎麼分配後，就可以開始寫遺囑了。

開始寫遺囑

寫遺囑是個傳愛的過程，不在於錢多錢少，而是用適當的方式，把心愛的東西留給心愛的人。什麼是適當的方式？假如有個孩子不長進，只要再給他錢，他就會賭博，可以把給他的錢放少一點，把錢給該給的人，再請那人照顧孩子；又例如把心愛的鑽戒給老婆、房子給女兒、現金給兒子，若不寫清楚只能將遺產平分，但平分不見得是好事，好比寶劍要贈英雄，鑽戒比較受女性喜歡。

遺囑內容要寫什麼呢？寵物要歸屬誰、車子房子要給誰、後事要怎麼辦，都可以寫在遺囑裡，並記得指定遺囑執行人。實務上曾發生明明寫了遺囑，或者用錄音錄影的方式口授遺囑，但是被判無效的案例，為什麼這樣呢？原因在於遺囑是法律文件，須依照法定方式辦理才有效力，將遺囑打字再簽名、一般健康情況下口授遺囑、指定見證人的資格不符……等都會導致遺屬無效。

遺囑形式分為下列五種：

1. **自書遺囑**是最簡單的方式，必須親自書寫，不能電腦打字再簽名（觀念題3之說明），以下提供範例，把內容換成自己的狀況，再手書一份即可，只須簽名，不用蓋章；萬一寫錯字，要在錯字旁更正並再次簽名。須注意字跡若改變，還是會引起爭議。

遺囑範例

遺囑

立遺囑人_____，民國___年___月___日生，身分證字號_____，過世後，希望家人不要悲傷，也不要為一點點的財產起爭執，特自書遺囑安排遺產。

一、指定_____（身分證字號_____）為本人之遺囑執行人。

二、本人在_____之房屋及其坐落之土地由_____繼承。

三、本人在_____銀行_____分行帳戶_____遺留之存款或權利由_____繼承。

四、本人在_____銀行之保險箱內所有動產由_____繼承。

五、本人在_____之股權由_____繼承。

六、遺贈予法人_____新台幣_____元。

七、剩餘財產則由_____繼承_____比例，本遺囑若有未盡事項由遺囑執行人決定之。

八、本人要以_____教儀式辦理後事，以_____方式葬於_____，不必多花費。

本人希望家人間彼此相互扶持，我會在天上繼續照顧你們。

中華民國___年___月___日 _____親筆

2. **公證遺囑**由立遺囑人指定二人以上見證人，在公證人前口述遺囑，由公證人筆記並和立遺囑人、見證人一起簽名。公證遺囑由於須找通過國家考試的公證人和見證人，公信力強。公證人可上法務部律師查詢系統找合格律師擔任；須注意不是任何人都能當見證人，民法第 1198 條規定，未成年人、受監護或輔助宣告之人、繼承人及其配偶或其直系血親、受遺贈人及其配偶或其直系血親、為公證人或代行公證職務人之同居人助理人或受僱人不得為遺囑見證人。（觀念題 4 之說明）

3. **代筆遺囑**是律師最常做的，如果不識字或不方便自行書寫，可以指定三人以上之見證人，由遺囑人口述遺囑意旨，使見證人中之一人筆記、宣讀、講解，經遺囑人認可後，記明年、月、日及代筆人之姓名，由見證人全體及遺囑人同行簽名，遺囑人不能簽名者，應按指印代之。為免日後滋生爭議，建議可將過程錄音或錄影存證。

4. **密封遺囑**最有名的就是清朝康熙皇帝放在「正大光明」匾額後的遺詔，現代有名的案例則是王永慶先生的夫人。密封遺囑是由立遺囑人在遺囑上簽名密封，指定二人以上見證人向公證人提出，由公證人在封面記明提出的年月日和遺囑人的陳述，由立遺囑人和見證人簽名，非在親屬會議現場或公證人前不得開啟。

5. **口授遺囑**是在生命危及時（如：意外、車禍），須二位以上的見證人，請其將遺囑意旨作成筆記或錄音，要件很嚴格，若生命危急情況消失，遺囑即失效。（觀念題 5 之說明）

推薦網站

法務部律師查詢系統

財政部遺產稅試算

繼承的眉角

繼承還有哪些眉眉角角呢？有人想透過立遺囑的方式防止不孝子女繼承，但由於特留分的規定，這招並非萬靈丹，若想要達到這樣的目的，須在遺囑裡面詳細說明特定繼承人不可以繼承遺產的原因，才能剝奪不孝子女繼承權。有些子女在父母健在時，自行討論好財產分配，大家寫個協議書後簽名蓋章，這是無效的，因為遺產是在死亡後才成立。

另一方面來說，如果傳承給子女的不是財產而是負債，那又該怎麼辦？被繼承人可到法院辦理拋棄繼承，並通知其他繼承人，最終由法院來裁定，並不是被繼承人申請拋棄繼承就成立，因為實務上發現很多拋棄書是事後偽造的。（觀念題 6 之說明）

種類	內容	辦理時效
概括繼承	接受被繼承人的全部資產和債務	不用特別辦理
拋棄繼承	放棄被繼承人的全部資產和債務	需於 2 個月內到法院辦理手續
限定繼承	繼承資產及債務，但只以遺產為限度來償還債務	需於 3 個月內到法院辦理手續

此外，父債子償的時代過去了，如果繼承的負債多於財產，被繼承人可到法院辦理限定繼承，在繼承財產範圍內承擔負債，例如繼承 1 億，負債 1.5 億，只須還 1 億。（觀念題 6 之說明）

要繳多少遺產稅？

除了遺產的金錢價值外，大家很在意的就是會被課多少稅，可到財政部遺產稅試算網站，試算須繳多少遺產稅，以下為試算公式。

應納遺產稅 =（應課稅遺產總額－免稅額－扣除額－生存配偶主張剩餘財產差額分配請求權之財產）× 稅率－扣抵稅額

遺產稅免稅額為新台幣 1,200 萬元，扣除額可參考 P.252 的表。以母親和配偶尚在、育有二子女、遺產總額為 1900 萬的個案來說，免稅額和扣除額加總後（1200 萬 +493 萬 +50 萬 ×2+123 萬 =1916 萬），發現課不到遺產稅，也就不須在生前移轉財產來節稅。

項目	扣除額
配偶	493 萬元
直系血親卑親屬及受扶養者（未滿 20 歲者，按其年齡距屆滿 20 歲之年數，每年加扣 50 萬元）	每人 50 萬
父母	每人 123 萬
重度以上身心障礙者或精神疾病者	每人 618 萬
受被繼承人扶養之兄弟姊妹、祖父母（兄弟姊妹中有未滿 20 歲者，並得按其年齡距屆滿 20 歲之年數，每年加扣 50 萬元）	每人 50 萬
喪葬費用	123 萬

每日一句

寫遺囑是個傳愛的過程，事先規劃可避免事後爭議。

準備迎接
人生終點

你害怕死亡嗎？世俗對死亡抱持著黑暗恐怖的想像，人生終需一別，放下無法掌控的事情，在「知」與「未知」間畫下一道界線，你就能在生命議題上舉重若輕。

往生：邁向另一段旅程

「死亡」是無法迴避的課題，它又稱「往生」，這種稱法很有禪意，也很貼切。如果你要向小孩子解釋死亡這件事，你會怎麼說呢？日本兒童繪本《爺爺的天堂筆記》，描述小男孩的爺爺過世了，他無意間發現爺爺的筆記本，封面寫著「死掉以後，該怎麼辦呢？」，小男孩在閱讀筆記本的過程中，發現爺爺把死亡當成另一段旅程，而且爺爺會變成不同的東西來守護家人，死亡不該是令人悲傷的事，往生應該是受到祝福的事。

最近一位朋友的父親突然過世，但是朋友在處理後事的過程中井井有條，他說他爸爸生前就與家人聊過，若是往生，想要花多少錢辦葬禮、採用什麼儀式、通知誰參加、要穿什麼衣服、喜歡東西要給誰並且不收奠儀（以免人情往來以後還要還）等，所以家人一切都依爸爸的期望來完成。這個例子讓我想起了日本人所稱的「終活」。

「終活」是臨終活動的簡稱，意即「為了迎接人生終點所進行的

準備」，準備的內容包括自己的年表、照片、親友通訊簿、帳號管理、財務、醫療、葬儀、願望／留言等，並且衍生出製作個人的「終活筆記」。

終活筆記

終活筆記不只是為家人日後要怎麼辦理後事留下「線索」，透過做筆記的方式，也讓你在重新回憶的過程中再活一次。你可以利用下表來整理自己的終活筆記（財務和醫療相關的內容，請參考先前章節介紹）。

單元一、個人年表

年份	大事紀	年份	大事紀

單元二、照片／影片記錄

照片／影片	存放處
想用哪張照片當遺照？	
年代類（幼年、學生時代、結婚後、退休後等）	
人物類（親人、朋友等）	
活動類（典禮、生日、旅遊等）	
其他	

單元三、親友通訊簿（往生後想通知的親友姓名及聯絡方式）

關係／稱謂	姓名	電話	地址

（如有需要，請自行增加）

單元四、帳號密碼

名稱	帳號	密碼	備註（網址／存放處）

單元五、葬儀型式

思考議題	你的期待及理由
要不要發訃文	
遺體處理方式	□火葬　□海葬　□自然葬（樹葬／花葬／灑葬／　　　　　）
遺體穿哪套衣服、鞋子、配戴物品	
治喪時間	
奠禮方式	□西式追思會　□中式祭祀會
奠禮的規模大小	□盛大　□親友參加　□不舉辦

思考議題	你的期待及理由
奠禮依何種宗教或信仰方式舉辦	
邀請參加奠禮的人、奠禮主持人	
奠禮場地佈置	
要不要收奠儀、回禮	
葬儀的預算及經費來源	
死後安葬於何處、坐向	
生前契約業者和內容	
殯葬服務業者和內容	
死後祭拜方式	
法號	

千萬不要覺得寫終活筆記單元五會觸霉頭,「殯葬管理條例」第61條有「殯葬自主」相關規定,曾立遺囑或意願書者,除非違反殯葬政策及法令,否則應該予以尊重;現在的禮儀考試已經融入性別平等的觀念,例如獨生女也可以捧斗,同志也可以稱伴侶。「身後事先預囑」,親友才能瞭解你的心願、依照你的意思辦理,免去親友因不同意見而引發紛爭。

道謝、道愛、道歉、道別

除了要考量身後事要怎麼辦，留在世上的人怎麼辦，也是需要考量的。常聽到有人在告別式對往生者訴說：「你怎麼就這樣走了，我們約好要……我們還沒有……」其實，有時真正放不下的是在世的人。

席絹《再也不乖》這本小說的女主角，罹患癌症到末期時年僅 48 歲，她決定辦一場「生前告別式」，邀請的人包括曾經傷害過她的人，也包括她曾傷害過的人，在告別式中，他們談論彼此心中最放不下的事，很多事在當下不得不做這個決定、也沒有第二次機會可以重來，卻在這樣的場合化解開了，讓留在世上的人少些遺憾、真正放下。

道謝、道愛、道歉、道別這四道人生習題，其實隨時都可以做，不必等到要出發去快樂天堂時才做。

你想和誰道謝？想說些什麼呢？

你想和誰道愛？想說些什麼呢？

你想和誰道歉？想說些什麼呢？

在和大家道別時，想說些什麼呢？

每日一句

「生命他只是個月台，你來的目的就是離開。」──幾米地下鐵音樂劇。

遺憾不要來

你有遺願清單（Bucket List）嗎？它可能是想說卻一直沒說的話，也可能是想做卻一直沒做的事，回顧目前的遺憾，為什麼遺憾？可以如何彌補與調整？只要開始，永遠不嫌晚。

你有遺憾嗎？

試想如果你只剩下100天的時間可以活在這世界上，你想做什麼？是不是想先拋下所有手邊在忙的事，開始完成一直想做但因為沒時間、沒有錢（或怕錢不夠）、太麻煩……等各種理由而沒做的事？當你清楚知道自己時日不多，你會毅然決然改變生活中的優先次序，真心思考如果哪些事沒做，會令你遺憾終生。

然而現實是你我並不知道自己還剩下多少日子可活，因此容易將這輩子一定要做卻沒做的事藏在內心深處，隨著時間過去，若將這些夢想越埋越深，結果卻沒實踐，當無常來臨時，只能留下滿滿的遺憾。

「你有遺憾嗎？」這個問題可以在臨終病人身上得到最真實的回答。《和自己說好，生命裡只留下不後悔的選擇》（THE TOP FIVE REGRETS OF THE DYING）一書作者布朗妮・維爾（Bronnie Ware），是在安寧病房工作的護士，她將重症病人跟她分享的人生憾事整理出來，希望藉此提醒大家提早採取行動，

不要有所遺憾。前五大遺憾是——「我希望我曾經有勇氣活出真我的人生，而非其他人期望我有的人生」、「我希望我並沒有那麼努力工作」、「我希望我曾經有勇氣表達我的感受」、「我希望我跟我的朋友一直保持聯絡」、「我希望我可以讓自己更快樂」，這些遺憾都是心理上的滿足。

看一下你自己是否也有這些遺憾呢？一共五題，請圈選出你的分數。

你過去是否這樣？	從不如此	很少如此	普通	偶而如此	總是如此
1.活在別人的期待中，沒有勇氣為自己而活	1	2	3	4	5
2.拼命工作，忽略陪伴家人	1	2	3	4	5
3.有很多考量，沒能勇敢地表達出自己的感受	1	2	3	4	5
4.有很多藉口，沒能和朋友保持聯繫	1	2	3	4	5
5.沒有讓自己更加快樂	1	2	3	4	5
總分					

如果你的分數低於 15 分以下，表示你應該不太會有心理上的遺憾，現在還有想做的事就去做吧！如果你的分數介於 16~19 分，表示你需要正視自己真正在意的事；如果你的分數高於 20 分，表示你忘記自己的需要，該跟心中那個小小的「自己」說聲：「辛苦了！今天起要做自己，勇敢實踐夢想！」

人生十大遺願清單

日本電影《多桑的待辦事項》，主角砂田先生癌症確診，只剩半年壽命，決定要完成「待辦事項」，包括和孫女玩耍、邀母親旅行等。砂田先生臨終前一直說著「對不起」、「謝謝你」、「我愛你」三個詞，面對告別時刻沒有遺憾，為這趟生命之旅劃下完美句點。

日本人講的「待辦事項」，就是英文稱的遺願清單（Bucket List），意思是離世之前希望做到的事，人生中有很多未完成的事，被各式各樣的藉口淹沒，是時候把它列出來了。曾有人說生為台灣人，這輩子一定要做的三件事是「環島旅行、玉山登頂和泳渡日月潭」，你是否也有這輩子一定要做的事呢？環遊世界、體驗某件事、再拍一次婚紗、跟某人說抱歉／說愛他、幫寵物找到新主人都是常被放進遺願清單的項目。

現在就拿起筆來寫下你的夢想／遺願清單、預計實踐時間及與你

一起完成的夥伴。寫下清單可以作為提醒，製造責任感，進一步提升夢想成真的機會。

夢想／遺願清單	何時完成？	想跟誰一起完成？
1.		
2.		
3.		
4.		
其他		

（如有需要，請自行增加）

現在就開始

仔細看一下你的「夢想」清單，有些事情看起來不難做到，但是為什麼卻沒能做到而成為「遺願」清單呢？就是因為覺得簡單而忽略、覺得還有機會而錯過，最終留下一絲遺憾。現在就應該開始著手規劃、採取行動。

電影《一路玩到掛》的兩位男主角，卡特與艾德華的人生都發生了轉折，湊巧地住進同一間病房，這就像一記當頭棒，他們重新

思考自己到底擁有什麼，決定利用人生的最後時光，完成一直想做、想看、想體驗的所有事情，此刻的夢想清單不再只是空想，而是等待實現的計畫。

大螢幕的情節，在真實社會發生。《不老騎士－歐兜邁環台日記》這部紀錄片中，記錄了 17 位長者為期 13 天的摩托車環島的過程，這些長者平均 81 歲，對他們來說，這不是一次普通的旅行，這是一個圓夢之旅，團長賴清炎說：「追求夢想時，你會忘記自己幾歲。」相信勇敢追夢的他們，懷抱的是永遠 18 歲的熱情。

怎樣才可以將夢想實踐呢？從現在開始，將你在清單所列的事，衡量時間與金錢，由小至大，一年實踐一兩項，時間是安排出來的，如果不安排進去，就會被大大小小的瑣事給填滿，幾年後還是沒有實踐任何一項。

把你想做的事情大聲的告訴週遭的親朋好友，或許會找到跟你想法一樣的夥伴，可以一起完成夢想，又或者親友會是你最佳的鬧鐘，關心你的夢想實踐了沒，給你溫馨的提醒。實踐夢想的過程無論與自己所想是否一樣，最後完成與否、快樂與否的關鍵因素，端看跟誰一起經歷這件事，每一個片段、每一句歡樂的笑聲、有意義的對話，不論過了幾年，都會是回味十足的珍貴記憶。

心動不如馬上行動，享受追求夢想的每一刻，讓人生的遺憾清單變成可實踐的待辦清單。

每日一句
人生須要一個期限，才能產生動力扭轉自己的人生。

希望老後的我，看起來還不錯！
寫給準老人的 30 篇優老計畫

作　　者／萬子綾博士、黃淑君、楊婷雅、蔡麗瓊、楊香容、鄭惠文
繪　　者／周詠詩
主　　編／林巧涵
責任企劃／許文薰
美術設計／白馥萌
版面構成／白馥萌
內頁排版／唯翔工作室

第五編輯部總監／梁芳春
董事長／趙政岷
出版者／時報文化出版企業股份有限公司
108019台北市和平西路三段240號7樓
發行專線／（02）2306-6842
讀者服務專線／0800-231-705、（02）2304-7103
讀者服務傳真／（02）2304-6858
郵撥／1934-4724時報文化出版公司
信箱／10899 臺北華江橋郵局第99信箱
時報悅讀網／www.readingtimes.com.tw
電子郵件信箱／books@readingtimes.com.tw
法律顧問／理律法律事務所　陳長文律師、李念祖律師
印　　刷／勁達印刷有限公司
初版一刷／2020年4月17日
初版二刷／2020年11月20日
定　　價／新台幣360元

時報文化出版公司成立於一九七五年，並於一九九九年股票上櫃公開發行，
於二○○八年脫離中時集團非屬旺中，以「尊重智慧與創意的文化事業」為信念。

希望老後的我,看起來還不錯:寫給準老人的30篇優老計畫／萬子綾等作
-- 初版. -- 臺北市：時報文化, 2020.04
ISBN 978-957-13-8152-7（平裝）
1.老年 2.生涯規劃 3.生活指導　544.8　109003739

心動不如馬上行動，享受追求夢想的每一刻，讓人生的遺憾清單
變成可實踐的待辦清單。

每日一句
人生須要一個期限，才能產生動力扭轉自己的人生。

希望老後的我，看起來還不錯！
寫給準老人的 30 篇優老計畫

作　　　者／萬子綾博士、黃淑君、楊婷雅、蔡麗瓊、楊香容、鄭惠文
繪　　　者／周詠詩
主　　　編／林巧涵
責任企劃／許文薰
美術設計／白馥萌
版面構成／白馥萌
內頁排版／唯翔工作室

第五編輯部總監／梁芳春
董事長／趙政岷
出版者／時報文化出版企業股份有限公司
108019台北市和平西路三段240號7樓
發行專線／（02）2306-6842
讀者服務專線／0800-231-705、（02）2304-7103
讀者服務傳真／（02）2304-6858
郵撥／1934-4724時報文化出版公司
信箱／10899 臺北華江橋郵局第99信箱
時報悅讀網／www.readingtimes.com.tw
電子郵件信箱／books@readingtimes.com.tw
法律顧問／理律法律事務所　陳長文律師、李念祖律師
印　　　刷／勁達印刷有限公司
初版一刷／2020年4月17日
初版二刷／2020年11月20日
定　　　價／新台幣360元

 時報文化出版公司成立於一九七五年，並於一九九九年股票上櫃公開發行，
於二〇〇八年脫離中時集團非屬旺中，以「尊重智慧與創意的文化事業」為信念。

希望老後的我,看起來還不錯：寫給準老人的30篇優老計畫／萬子綾等作
-- 初版. -- 臺北市：時報文化, 2020.04
ISBN 978-957-13-8152-7（平裝）
1.老年 2.生涯規劃 3.生活指導　544.8　109003739